Dionysos

Göttliche Wildheit

EDITION PANDORA

Herausgegeben von
Helga und Ulrich Raulff

Band 5

Marcel Detienne

Dionysos
Göttliche Wildheit

Aus dem Französischen von
Gabriele und Walter Eder

Campus Verlag · Frankfurt/New York
Edition de la Maison des Sciences
de l'Homme · Paris

Die französische Originalausgabe *Dionysos à ciel ouvert*
erschien 1986 in der von Maurice Olender herausgegebenen Reihe »Textes du
XXe Siècle« bei Hachette, Paris
Copyright © 1986 by Hachette

Dieses Buch erscheint im Rahmen eines 1985 getroffenen Abkommens
zwischen der Wissenschaftsstiftung Maison des Sciences de l'Homme und
dem Campus Verlag. Das Abkommen beinhaltet die Übersetzung und
gemeinsame Publikation deutscher und französischer geistes- und
sozialwissenschaftlicher Werke, die in enger Zusammenarbeit mit
Forschungseinrichtungen beider Länder ausgewählt werden.

Cet ouvrage est publié dans le cadre d'un accord passé en 1985 entre
la Fondation de la Maison des Sciences de l'Homme et le Campus Verlag.
Cet accord comprend la traduction et la publication en commun d'ouvrages
allemands et français dans le domaine des sciences sociales et humaines.
Ils seront choisis en collaboration avec des institutions
de recherche des deux pays.

Die Deutsche Bibliothek – CIP-Einheitsaufnahme

Detienne, Marcel:
Dionysos : göttliche Wildheit / Marcel Detienne. Aus dem
Franz. von Gabriele und Walter Eder. – Frankfurt/Main ; New
York : Campus Verlag ; Paris : Ed. de la Maison des Sciences de
l'Homme, 1992
(Edition Pandora ; Bd. 5)
Einheitssacht.: Dionysos à ciel ouvert ⟨dt.⟩
ISBN 3-593-34728-8 (Campus Verlag)
ISBN 2-7351-0489-3 (Ed. de la Maison des Sciences de l'Homme)
NE: GT

Copyright © 1992 für alle deutschsprachigen Rechte bei
Campus Verlag GmbH, Frankfurt/Main.
Umschlaggestaltung: Atelier Warminski, Büdingen
Satz: Typo Forum Gröger, Singhofen
Druck und Bindung: Druckhaus Beltz, Hemsbach
Printed in Germany

Inhalt

Prologomena

Bacchus ist ein lebendiger Gott, während Dionysos heute etwas akademisch wirkt. Jedes Trankopfer, vergossen über die Welt, läßt Bacchus in all seiner Jugend neu erstehen. Je mehr die Weinkultur sich verfeinert, verborgen in den Fasern des Rebstocks, desto stärker ist die Präsenz des »geheimnisvollen Gottes«, wie Baudelaire ihn beschrieben hat. Gewiß ist Dionysos von all den Göttern Griechenlands der weltläufigste. Für den Gesandten des Königs Seleukos, der nach Alexander Indien mit all seinen Gottheiten entdeckte, kann allein Dionysos sich mit Shiva messen, dem Wohlwollenden und zugleich Schrecklichen, der den Tod jeder geopferten Kreatur auf sich zieht. Und wenn die Gentilen zur Zeit des Plutarch den Gott Israels erwähnen, den Gott des Laubhüttenfestes, den Gott der Ernte – die Töchter Silos tanzen dann in den Weinbergen – so ist es wiederum Dionysos, der bereits Osiris in Ägypten ist, der Jahwe einen allbekannten Namen leiht.

Unter den Göttern, die sich überall in Griechenland finden, ist Dionysos, der am wenigsten seßhafte. Nirgendwo ist er zu Hause. Ganz gewiß nicht in Theben, wo seine Mutter, die sterbliche Semele, ihn über Monate in ihrem Leibe trug. Nomadischer Gott, sein Königreich kennt keine Hauptstadt. Nie fühlt er sich beengter als in der Maske des Gottes, in Weihrauch eingehüllt und behängt mit Medaillons. Der gravitätische Dionysos Athens hat die Seinen zur Genüge hinters Licht geführt. Seine Fähigkeit zu täuschen steht außer Frage, wie prächtig auch seine

Throne und wie glanzvoll auch seine Ehrentribünen in der Öffentlicheit geschmückt sein mochten. Dionysos gehört seinen Provinzen, seinen Landstrichen, in denen er umherstreifen kann. Man muß ihm volle Freiheit für seine Epiphanien gewähren. Mag er in Anatolien erscheinen, in der Umgebung von Sardes, an den Hängen des Tmolos, eine Schale köstlichen Weins in Händen – Tmolos natürlich –, um ihn mit etwas Wasser gemischt der Göttin Rhea darzubringen, seiner Mutter, als die sie in dieser Gegend gilt. Mag aber auch ganz oben auf den Höhen des Vesuv, wenn die Satyrn den Tanz aufführen, die Woge edlen Weines über den Rand des Fasses borden, während Dionysos, den Körper einer Traube gleich, eingeschnürt in ein von prallen Weinbeeren rötlich schimmerndes Gewand, achtlos seinem Panther eine Trankspende in Spritzern puren Weins darbringt.

Argos, Lesbos, Eleutherai, Olympia, Thasos, Delphi und Orchomenos, selbst eine geheimnisvolle Insel im fernen Atlantik: dort und anderswo taucht Dionysos auf, springt und tanzt, ergreift Besitz, zerreißt, bringt Raserei. Verwoben sind im Himmelsbogen seiner Erscheinungen die Farben des hervorsprudelnden Blutes wie die des schäumenden Weines. Dionysos, der Gott, der brutal Besitz ergreift, sein Opfer straucheln läßt und es in Wahnsinn, Mord, Befleckung zerrt; doch auch Dionysos, der Gott, der Trauben an einem Tag reifen und Wein aus Brunnen sprudeln läßt, der Gott des betörenden Tranks und leidenschaftlicher Wallung – sollte dieser zweigestaltige Gott am Ende ein und derselbe sein?

Ein epidemischer Gott

Proitos, der König der Argolis, hatte drei Töchter. Als sie heranwuchsen, verfielen sie dem Wahnsinn; sie verweigerten dem Dionysos die kultische Verehrung. Sie verließen den väterlichen Palast und begannen, durch Argos' Fluren zu irren. Proitos ließ Melampos holen, einen Seher und Reiniger von Ruf. Seine Zaubersprüche und seine Heilkräuter sollten den Mädchen Ruhe und Läuterung bringen. Als Lohn für seine Mühe verlangte er ein Drittel des Königreichs. Der König weigerte sich; das Übel nahm wieder zu. Die Unruhe der Mädchen wuchs mehr und mehr, der rasende Wahn ergriff auch die übrige weibliche Bevölkerung. Überall verließen die Frauen Haus und Herd, verschwanden in den Wäldern, töteten ihre Kinder. Schließlich sollte Melampos zwei Drittel des Reiches erhalten.[1]

Die von Dionysos geschickte Raserei, seine *mania*, erscheint in dieser Geschichte als ein Leiden, das eine große Zahl von Menschen befällt. Anfangs sind es nur drei, doch bald bleibt keine Frau verschont.[2] In dieser oder ähnlichen Erzählungen präsentiert sich das Dionysische in der Erscheinungsform einer Epidemie.[3] Doch dahinter verbirgt sich nicht der Gedanke einer Ansteckung im medizinischen Sinne, da dieser der griechischen Medizin nicht vertraut war, ehe der Historiker Thukydides die Pest in Athen beschrieben hatte.[4] Es war gerade die Geschichte von den Proitiden, die Erwin Rohde dazu brachte, sich die Ausbreitung des dionysischen Wahns in der Art einer Epidemie von zuckenden, krampfartigen Tänzen vorzustellen, die, ähnlich wie der Veitstanz, ansteckend wirkten.[5] Gewiß steckte in der dionysischen Raserei eine Kraft, die ebenso ansteckend war wie vergossenes Blut befleckend. Doch gehörte nach der griechischen Auffassung das Wort »Epidemie« (*epidemía*) zum Bereich der Gotteserscheinung, der Theophanie. Émile Littré, ein französischer Lexikograph des 19. Jahrhunderts, war sich dessen noch bewußt, als er das Wort in die französische Sprache einführte.[6] Es handelt sich um einen terminus technicus, einen spezifischen Begriff aus der Götterlehre. *Epidemien* sind Opfer, die den göttlichen Mächten dargebracht werden, wenn sie Einzug in ein Land oder ein Heiligtum halten, an einem Fest teilnehmen oder bei einer Opferhandlung gegenwärtig sind.[7] Den *Epidemien* entsprechen die *Apodemien*, d.h. die Opfer beim Weggang der Götter. Es gibt nämlich ein Kommen und Gehen der Gottheiten. Besonders rege ist es anläßlich der *Theoxenien*, wenn eine Stadt, ein einzelner oder auch eine Gottheit ihre Gastfreundschaft bestimmten oder manchmal auch sämtlichen göttlichen Mächten anbieten.[8] Bei einer solchen Gelegenheit residieren die Götter im Lande, sind an Ort und Stelle anwesend, sind »epidemisch«.[9] Ansässig, aber nicht seßhaft, gleichen sie den hippokratischen Ärzten, die ihren Beruf im Umherziehen ausüben und tatsächlich auch *Epidemien (epidemíai)* verfassen: Kleine Notizbüchlein mit kurzen Protokollen oder eher Stichworten zum Krankheitsverlauf; präzis und trocken werden Symptome, Krisis, Therapie und Reaktionen des Patienten beschrieben.[10] Das ist die Technik des Reportagestils, die Ion von Chios, ein Intellektueller des 5. Jahrhunderts v.Chr. in seinem Werk anwandte, dem er den Titel *Epidemien* gab. Es umfaßt eine Reihe von literarischen Skizzen, Porträts und Interviews mit Künstlern wie Sophokles oder Politikern wie Perikles und Kimon von Athen.[11]

Die Götter auf Wanderschaft sind es, die ein Anrecht auf *Epidemien* haben. Sie haben ihre Zeiten; dann werden sie gerufen und Hymnen heißen sie willkommen: die Dioskuren etwa, Artemis oder Apollon. Gerade Apollon reist viel, von Heiligtum zu Heiligtum, zwischen Delos, Milet, Delphi und dem Land der Hyperboreer, wo er gern den Winter verbringt. Apollon ist ein

Gott der Epiphanien mit all seinen Festen und Jahrestagen; inmitten seiner Priester und der Menge seiner Gläubigen erscheint er dann im Glanze seiner Macht. Neben Apollon ist jedoch sicher Dionysos der am meisten epidemische unter den Göttern des Pantheons.[12] Er macht seine Ankunft, seine Parousie, zum bevorzugten Merkmal seines Handelns.[13] Dionysos ist im wahren Sinne des Wortes der Gott, der kommt: er erscheint, er offenbart sich[14], er kommt, um erkannt zu werden. Als eine Erscheinung, die ständig unterwegs ist, stellt Dionysos den Raum in den Dienst seines Umherschweifens. Man trifft ihn überall, doch nirgendwo ist er zu Hause;[15] weder in einer Höhle oder in einem Versteck in den Bergen, weder am Eingang eines Heiligtums noch im Glanze eines städtischen Tempels. Sein Kultbild fällt vom Himmel, sein Schiff taucht am fernen Horizont des Meeres auf, an der Spitze einer Truppe von Frauen belagert er die Tore der Stadt und entsteigt – völlig allein – den abgrundtiefen Gewässern von Lerna in der Argolis. Dionysos drängt es ständig zur »Epidemie«. Dies unterscheidet ihn von den anderen Göttern, deren regelmäßig wiederkehrende Epiphanien sich in die feste Reihenfolge des Festkalenders einfügen. Jede Epiphanie hat dort ihre Zeit. Die Ankunft dieser Götter birgt keine Überraschung in sich, weder für ihre Anhänger noch für die Götter selbst. Die göttliche Macht, die man am siebten Tage des Monats *Bysios* im Heiligtum von Delphi erwartet, ist immer Apollon, der Gründer der Orakelstätte, Dionysos hingegen, ein Gott in unablässiger Bewegung und eine Form in ewigem Wandel, kann niemals sicher sein, erkannt zu werden, wenn er zwischen Dorf und Stadt die fremdartige Maske einer Macht umherführt, die keiner anderen gleicht. Zudem läuft er immer Gefahr, daß ihm die Zugehörigkeit zum Geschlecht der Götter bestritten wird.[16] Das ziellose Schweifen ist ihm so sehr Natur, daß seine Ankunft, sein Kommen und Gehen, nie mit dem anderer Götter verwechselt werden kann.

Eine Maske ohnegleichen

Epidemisch im strengen Sinne des Wortes tritt uns Dionysos in einer Reihe von eher schrecklichen als erfreulichen Berichten gegenüber, die sich jeweils um seine Ankunft ranken. Denn diese Geschichten, die man sich mehr oder weniger überall, wo er erschien, erzählte, sind voll von Grausamkeit und Raserei. Seine frühesten Epiphanien sind von Konfrontationen, Konflikten, sogar Feindseligkeiten geprägt; sie reichen von Irrtümern und Verkennungen bis zu ausdrücklicher Verweigerung und gar Verfolgung. Sollte man in solchen Erzählungen, in denen einem Gott ein so schlimmes Willkommen bereitet und darüber hinaus ständig vorgehalten wird, er sei ein Fremdling, nicht den fest im Gedächtnis haftenden Widerhall eines recht konkreten und realen Geschehens heraushören dürfen? Das Szenario ist von der modernen Forschung immer wieder umgeschrieben worden: Für die einen ist der Fremdling aus dem Norden ein thrako-phrygischer Gott, der den Virus der Trance, eine ungebändigte Religiosität, mit sich brachte[17]; andere sehen in ihm einen südlichen Gott, der nach langer Abwesenheit, die auf die Einwanderung dorischer Stämme und ihrer Aristokratien zurückzuführen sei, wieder in seine Heimat auf den Peloponnes zurückkehrte.[18]

Schon die Alten machten sich in Mythen und Tragödien Gedanken über die Routen, die Dionysos auf dem Weg zu den Orten seiner Ankunft gewählt hatte. So nennt der Chor der lydischen Frauen in den *Bakchen* drei Flüsse, die der Gott, aus den Wäldern des Pangaios-Gebirges kommend, durchqueren mußte, um nach Pierien zu gelangen.[19] Allerdings scheint es ganz illusorisch zu vermuten, ein Gott, der so unvermittelt auftaucht wie er verschwindet, hätte eindeutige Spuren seiner Wanderungen in einem Land hinterlassen, in dem er – wie er selbst vorgibt – immer ein Fremder gewesen sei, selbst wenn er in einer Stadt wie Theben eintrifft, in der er nach seiner eigenen Aussage geboren, ja sogar zweimal geboren worden ist.

Wenn aber der Mythos um Dionysos ständig und unablässig die Epiphanie des Gottes, seine Anfänge unter den Menschen und in den Städten Griechenlands wiederholt, so spricht er damit vermutlich den wesentlichen Zug seiner göttlichen Natur an. Überprüfen wir nun die Erzählungen über die dionysischen Parousien, so steht dahinter der Versuch, ein für Dionysos spezifisches Handlungsmuster herauszuarbeiten, das sich fortlaufend in seinen Erscheinungen zeigt und ihn unter allen Gottheiten zu einem einzigartigen Gott macht.

Will man die Geschichten um Dionysos, den Gott, der kommt, in Gruppen gliedern, so scheinen sich drei Typen herauszuschälen. Da ist zunächst der Typus des indirekten Ankommens: Hier werden Vermittler vorgeschickt und eingeschoben, die sein Kultbild bringen oder sein Idol heranschaffen. In Elis, wo er in heiterer Gelassenheit die Tafel mit seiner Stiefmutter Hera teilt, läßt man ein einheimisches Paar, Mutter und Sohn, als Begründer der Kultzeremonien gelten.[20] In Sikyon ist es ein Thebaner mit Namen Phanes, der Erscheiner, der dem Gott als Boten dient; auf dringliche Empfehlung des delphischen Orakels bringt er aus seiner Vaterstadt eine Statue des Dionysos *Lysios*.[21] Patras schließlich sieht Dionysos im ungewöhnlichen Gefolge eines Königs kommen, der seines Verstandes mehr oder weniger beraubt ist und in seinem Gepäck eine schreckenerregende Statue des Gottes mit sich führt.[22] Diese kurzen und nicht sehr zahlreichen Geschichten erweisen sich im allgemeinen als recht unergiebig, was Dionysos selbst und die Art seiner Manifestationen betrifft.[23]

Der zweite Typus des epidemischen Erscheinens zeigt Dionysos als den Gott des Rebstocks, die Gottheit des Weines, und seine Gastgeber. Es ist Dionysos selbst, der mit dem nur halb gelüfteten Geheimnis des Weinbaus das Versprechen eines berauschenden Getränks zurückläßt, dessen Wahnsinn es zu zügeln und dessen wilde Kräfte es zu bändigen gilt. Es ist die Epiphanie des Meisters der Weinschale, die trunken macht; die athenische Tradition liefert uns eine Version, die – ausgefeilt in ihren Wegen und Abwegen – eine ganze Liste von vorbereitenden Zwischenstufen sichtbar werden läßt, um schließlich zu den verfeinerten Trinksitten des Symposions zu gelangen. Aber wir sehen auch die Kehrseite: Die drängende Kraft des spontanen Hervorsprudelns und die Rückkehr eines Gottes, dessen Bekundungen unberechenbar und brutal sind. Gerade sie liefern mehr als reichen Stoff für die Erzählungen über dionysische Parousien.

Die dritte Gruppe der Geschichten um Dionysos umfaßt seine Ankunft bei Lykurg, sein Erscheinen im Palast der Minyaden und die große Parousie in Theben. Drei Epiphanien, die in entscheidender Weise die dionysische Kraft in ihrer ureigensten Form offenbaren. Drei Beispiele von ausgeprägtem Wahnsinn, von *mania*, die zu Mord und Befleckung führt: Eine Reise in die Tiefe der Nacht auf dem irrlichtigen Pfad des Dionysos.

Aufgrund seiner Fähigkeiten zur Epiphanie weiß der Gott der Ankunft genau um die enge Beziehung zwischen Anwesenheit und Abwesenheit. Ob er nun lächelnd einherschreitet oder erregt umherspringt – immer präsentiert sich Dionysos in der Maske des Fremden. Er ist der Gott, der von draußen kommt, aus dem Anderswo. Eine Geschichte aus Lesbos bestätigt dies einmal mehr. Pausanias, der Periheget, erzählt sie während seines Besuchs beim Heiligtum in Delphi.[24] Unser Cicerone hat bei seinem Rundgang im Tempelbezirk schon die Weihegaben auf der Tempelterrasse aufgezählt und schickt sich gerade an, die Figurengruppen im Giebel des Tempels zu beschreiben: Dort korrespondiert die Darstellung des Apollon und seiner Musen mit der Darstellung des Dionysos umgeben von seinen Thyiaden. Vielleicht hat er auch den kleinen Tempel des Dionysos *Sphaleotas* flüchtig bemerkt, des Gottes, »der schwanken läßt«.[25]

»Fischern in Methyma brachten die Netze aus dem Meer ein Gesicht (*prósopon*) aus Ölbaumholz gemacht herauf. Das zeigte ein zwar irgendwie göttliches, aber fremdes und bei griechischen Göttern nicht vorhandenes Aussehen. Die Metyhmnäer fragten nun die Pythia, von welchem Gott oder Heros das Bild sei, und sie befahl ihnen, den Dionysos *Sphalen* zu verehren.[26] Deshalb verehren die Methymnäer das *xóanon*, das Holzbild, aus dem Meer, das sie bei sich behalten haben, mit Opfern und Gebeten, und schickten ein bronzenes nach Delphi.«

Eine Maske taucht aus den Tiefen des Meeres auf; ein unbekanntes Antlitz erscheint in den Gefilden des Meeres – wie aus einer anderen Welt. Aber es bietet keinen Anblick des Grauens wie das trojanische Idol des Dionysos, das seinen Entdecker in den Wahnsinn treibt. Es ist vielmehr eine Form, die Rätsel aufgibt, ein Bild, das es zu entziffern, eine unbekannte Macht, die es zu identifizieren gilt. Es hat irgend etwas Göttliches an sich; doch ist es ein anderes Göttliches als das den hellenischen Göttern eigene, da sein Anblick das Befremdliche wie auch den Fremden in eben dem Doppelsinn des Wortes *xénos* zeigt. Da ist zuerst einmal der Fremde[27]: Nicht der Nichtgrieche, der unverständlich redende Barbar, wird so bezeichnet, sondern der Bürger aus der benachbarten Gemeinde. Zum *xénos* wird man durch die Distanz, die beide Orte trennt, jene Distanz, die in den Opferriten, den Volksversammlungen und den Gerichtshöfen zum Tragen kommt. Wer als *xénos*, als Fremder, gelten will, muß sogar der Welt der Hellenen angehören, die in ihrer idealen Form von der Gesamtheit der Menschen »gleichen Blutes, gleicher Sprache und gemeinsamer Heiligtümer und Opferzeremonien«[28] gebildet wird. Wenn der thebanische Dionysos vor Pentheus erscheint, so trägt er die Maske des Fremden: Es ist ein *xénos*, an den der König von Theben das Wort richtet.[29] Trotz seiner lydischen Verkleidung wird Dionysos als Grieche behandelt.

Seit der Entzifferung der mykenischen Schrift haben auch wir keinerlei Zweifel mehr an der griechischen Herkunft des Dionysos; von den Griechen selbst wurde sie in ihrer ganzen Geschichte allerdings nie in Frage gestellt. Nirgendwo wird er als barbarischer Gott bezeichnet; selbst dann nicht, wenn seine Gewalttätigkeiten ihn endgültig in die Barbarei zu verbannen schienen. Hier unterscheidet er sich in auffallender Weise von einer anderen Gottheit, die ihm sonst in vielerlei Hinsicht ähnelt: von Artemis nämlich, und zwar in ihrer Ausprägung als *Orthía*, deren Statue Wahnsinn verbreitet und die ihr treu Ergebenen dazu bringt, einander an ihrem Altar zu töten. Diese Artemis, so meinen einige zu wissen, sei taurischen Ursprungs und somit eine *barbarische* Gottheit.[30] Dionysos, der ausgerechnet unter den Augen einer blutrünstigen Artemis fröhlichen Einzug in das von ihr beherrschte achäische Patras hält, kann so seine Fremdheit, als *xénos*, zur Schau stellen. Das geschieht auf eine recht eigentümliche Weise: Dionysos tritt als ein fremder Dämon auf, als *xenikós daímon*, als ein Idol, mitgeführt im Gepäck eines ebenfalls fremden Königs: *xénos*. In Troja soll er eines Tages den Verstand verloren haben, als er die Maske dessen betrachtet, der seither von ihm Besitz ergriffen und seine Schritte gelenkt hatte.[31] Wie vom delphischen Orakel vorhergesagt, macht sich die seltsame Reisegesellschaft daran, Patras' Erde von der Befleckung zu reinigen, die ihr das regelmäßig auf Geheiß einer tiefgrollenden Artemis vergossene Menschenblut zugefügt hatte.

Der befremdliche Fremde

Der Status des Fremden prägt zutiefst das Wesen des Dionysos. Deutlich wird dies in der Art der Beziehungen, die er bevorzugt, wie auch in der Neigung, maskiert aufzutreten. Auf den Friesen mit den langen Götterprozessionen ist es die Maske, die dem Dionysos als Insignie seiner Göttlichkeit dient: Er trägt sein »zweites Gesicht« mit einer Unbefangenheit zur Schau wie Hermes seinen Heroldsstab. Auf der François-Vase fallen die weitaufgerissenen Augen auf, starr auf den Betrachter gerichtet, der der Parade der Olympier folgt. Durch die Maske hindurch, die ihm seine figurative Identität verschafft, bezeugt Dionysos seine epiphane Natur als Gott, der unaufhörlich zwischen Präsenz und Absenz schwankt.[32] Immer ist er ein Fremder, eine Form, die es zu identifizieren, ein Gesicht, das es zu entdecken gilt, eine Maske, die ihn ebenso verhüllt wie sie ihn enthüllt. Wenn er aber als *xénos* das Territorium dieser oder jener Stadt betritt, so fordert Dionysos die Art von gesellschaftlichen Beziehungen für sich, die wohl jeder andere griechische Fremde verlangen durfte: die Beziehung zu einzelnen Personen und die private Gastfreundschaft von einem Gastgeber, sei er nun Landmann oder Herr im königlichen Palast. In der Tat ist es der Bürger in seiner privaten Sphäre, der einfache Privatmann, der es sich zur Aufgabe macht, durchreisende Fremde bei sich aufzunehmen und ihnen Schutz zu gewähren. Der Proxenos vertritt die gesamte Bürgerschaft, welche die Wahrnehmung ihrer Belange der Initiative eines Privatmannes überläßt.[33] Vielleicht hat sich Dionysos, der reisende Gott, einen Gefährten mit Namen Proxenos gewählt, weil er in diesen institutionellen Bereich geraten ist. Man findet diesen Proxenos in Delphi, im Heiligtum des Apollon, also gerade dort, wo sich die Proxenoi so zahlreicher Städte tummelten. Denn es war den Fremden, die gekommen waren, das Orakel zu befragen oder an den panhellenischen Spielen teilzunehmen, nicht gestattet, ohne die Vermittlung ihrer Gewährsleute hier zu opfern.[34]

Auf einem 1936 publizierten Relief erhebt der Proxenos aus dem Gefolge des Dionysos[35] ein Rhyton, ein dionysisches Trinkgefäß, und gießt damit die Trankspende in eine kannelierte Phiale, wie sie üblicherweise im Apollonkult Verwendung findet. Er hat es sich bequem gemacht; halb aufgerichtet liegt er auf einer Schräge in derselben Haltung, die auch der Pan mit dem Kantharos aus der Grotte in Thasos einnimmt. Aber dieser delphische Proxenos des Dionysos ist völlig nackt; er hat eine Stupsnase über einem dicklippigen Mund zwischen zwei recht spitzen Ohren.[36] Es ist ein Satyr in der Funktion des Gastfreundes seines Herrn, der hier – einmal ist keinmal – im Gegensatz zu seiner Rolle des Umherschweifenden und ewig Fremden, in seinem Zuhause die Maske des Gottes trägt. Diese Gottheit jedoch, die von außerhalb kommt, verleiht der persönlichen Beziehung einen besonderen Rang: die bereitwillige Aufnahme durch den Gastgeber macht Dionysos zu einem Gott, den man sich wählt. Um ihn herum baut sich der Thiasos auf, die kleine Schar, die ganz und gar sich selbst ergeben im Rhythmus der Trance sich ordnet, um Bakchos zu dienen.[37] Wenn uns Dionysos so lebhaft als der Gott des Thiasos *par excellence* vor Augen tritt, in einem Milieu also, wo Religiosität zur individuellen Angelegenheit wird, so rührt das auch daher, daß der Weg, den er auf seinen Bahnen nutzt, ihm durch seinen Status als Fremder vorgegeben ist.

Es bleibt noch die andere Bedeutung von *xénos* zu klären, auf die jene Maske aus Olivenholz, verfangen in den Netzen der Fischer aus Methyma, hinweist. Das aus dem Meer aufsteigende Antlitz hat etwas Ungewöhnliches und Fremdes an sich. Bei Pausanias hat *xénos* die Stellung eines Adjektivs[38], dessen Bedeutung folgendermaßen umschrieben wird: entsprach keinem der griechischen Götter. Das Material der Maske – Olivenholz ist es, und nicht der gewundene, gequälte Weinstock[39] – weist schon auf eine friedvolle Epiphanie, die es erlaubt, das ungewöhnliche Aussehen des Gesichts in Einzelheiten zu erfassen und nicht, wie es häufig geschieht, von der Fremdheit eines unbekannten Anblicks gepackt, ja überwältigt zu werden. Hier deutet das Fremde auf ein Orakel; es lädt dazu ein, sich über die Natur des gefundenen Idols Gedanken zu machen, ohne Angst und ohne Scheu, mit einer Gelassenheit, die bei den Manifestationen des Dionysos nicht immer üblich ist. Denn wäre der Sohn der Semele lediglich ein *xénos*, ein Fremder, der ungeduldig seiner Metamorphose zum Gast im Rahmen der spontanen Großzügigkeit der festlichen *xenía* oder des *xenismós*[40] entgegensieht, wenn er an der Gästetafel Platz nimmt, die dann und wann auf sein Geheiß von den ihm ergebenen Städten für ihn gedeckt wird, dann wäre er ein Fremder unter anderen Fremden göttlichen Ranges, die zu festgesetzten Terminen beim Bankett willkommen geheißen und mit der reinen Freude solcher *Theoxenien* gefeiert werden.[41]

In seinen denkwürdigsten Epiphanien erscheint Dionysos sowohl befremdlich wie auch fremd. Er ist dann der Fremde, der befremdet. Doch verbreitet sich diese Befremdlichkeit durch ein Verkennen oder, besser noch, ein Nicht-Wiedererkennen. Der Bericht des Pausanias nennt dafür den augenfälligen Grund: Ein Gott aus der Fremde ist ein Unbekannter, und zwar so unbekannt, daß die Methymnäer sich nicht sicher sind, ob es sich um einen Gott oder um einen Heros handelt. Wie soll man einen Gott erkennen, den man nicht kennt? Um so mehr als Dionysos' Göttlichkeit recht jungen Datums zu sein scheint.[42] Sagt nicht Herodot, daß er von Semele, der Tochter des Kadmos, vor kaum

1000 Jahren geboren wurde?[43] Und hält sich nicht hartnäckig ein Gerücht, auf das Dionysos am Beginn der *Bakchen* bei seinem Erscheinen in Theben selbst verweist: daß er nämlich ein natürlicher Sohn der Semele sei, nicht aber der Sohn des Zeus, gezeugt mit einer Sterblichen?[44] So beleidigend diese Verleumdung auch sein mag, sie kann doch nicht verhindern, daß Dionysos wie Herakles offiziell als der Bastard des Zeus gilt, der seine Laufbahn als armer Verwandter der olympischen Götter begann. Dionysos hat es nötig, seinem Wert und seiner Macht als Gottheit Anerkennung zu verschaffen – zumindest in der Welt der Menschen.[45] Wie besessen ist er von diesem Gedanken bei seiner Parousie in Theben, einer seiner ausgeklügelsten Epiphanien. In Böotien wie in der Argolis macht Dionysos die demütigende Erfahrung eines Gottes, der sich wie ein einfacher Sterblicher behandelt sieht, ja sogar des Betrugs bezichtigt wird.[46] Es gibt solche, die ihn nicht erkennen und ihn bereits verkennen; die Ungläubigen, die sich weigern, an ihn zu glauben; die Leichtsinnigen, die meinen, auf ihn verzichten zu können; die Anmaßenden, die nichts wissen wollen von seinen Zeremonien. Vor allem aber sind da jene, die sich berufen fühlen, ihn zu verfolgen, den Henker zu spielen, um schließlich – ihm selbst zum Opfer gefallen – ein eindrucksvolles Zeugnis abzulegen von der Parousie eines Gottes, der allmächtig ist.

Der erste auf der schwarzen Liste ist Lykurg, König der thrakischen Edonen. Denn hier in Thrakien, dem Ort, an dem die nichtgriechischen Wurzeln des Dionysos vermutet werden, stößt dieser auf seinen ersten Widersacher. Der homerische Lykurg tritt in der *Ilias* als Feind der Götter auf, »Streit suchend mit den Göttern aus Uranos' Geschlecht«.[47] Ein Fachmann auf dem Gebiet der Gottlosigkeit, selbst ein jähzorniger Rohling, läßt er sich mit Dionysos am geheiligten Nyseion ein. Ein Mörder (*androphónos*)[48], stürzt er sich auf die Ammen des Dionysos, des Rasenden (*Mainómenos*), zersprengt die Schar der Thyrsosträgerinnen und macht erbarmungslos Jagd auf den erschreckten jungen Gott. Ein Szenario, erneut entworfen von Aeschylus in den *Edonen*[49]: Die Bacchanten sind in Ketten gelegt, der

Trupp der Satyrn eingekerkert. Doch diesmal ist es Dionysos, der den Lykurg bis zur nächsten Raserei mit sich reißt und das Verlangen nach Gewalt und Mord gegen den Besessenen selbst wendet. Von allein fallen die Ketten von den thyrsosschwingenden Mänaden; die hohen Mauern des Palasts des Königs fangen an zu wanken, das Dach fällt in ein bacchisches Delirium, beginnt zu springen, zu tanzen. Nun ist es auch an Lykurg[50], dem Wahnsinn zu verfallen. Er schwingt die Doppelaxt, er will den Rebstock zerschmettern, jenes verfluchte Gewächs treffen, das der Fremde mitgebracht hat. Dionysos aber verwirrt ihm die Sinne, lenkt die Axt gegen den eigenen Sohn, das erschreckte Rebstock-Kind, das dem Vater zu entkommen trachtet. Doch Lykurg, der verblendete König, schlägt die Weinranken ab und spaltet tief den Stamm des Weinstocks. Sorgfältig hat er die Glieder des Kindes zerteilt; da gibt ihm Dionysos seinen Verstand zurück. Zum Mörder am eigenen Sohn geworden, macht Lykurg das ganze Land um sich herum unfruchtbar. Dem Rat des delphischen Orakels folgend, bringen die Edonen ihn in Bande geschlagen zu den vereisten Wäldern des Pangaios-Gebirges, wo sich – Herodot hat es gesehen[51] – ein Orakelheiligtum des Dionysos erhebt. Dort sprach er seine Prophetien durch den Mund einer Frau, umgeben von seinen Priestern, so wie Apollon von den seinen auf den Höhen von Delphi. Ausgesetzt in einem Landstrich, über den Dionysos in einsamer Souveränität zu herrschen scheint, wird der schuldbeladene König von wilden Pferden in Stücke gerissen.

Wahnsinn und Befleckung
auf Generationen hinaus

Von Argos bis Orchomenos bewegt sich Dionysos auf den gleichen Wegen bis hin zur thebanischen Epiphanie, dem Gipfelpunkt des düsteren Wahns. Das Szenario ist immer dasselbe: Erst werden dem Dionysos die Kulthandlungen verweigert; dann irren verwirrte Frauen durch das Land. Schon handelt es

sich um eine Krankheit, die des Arztes bedarf, um eine Beflek-
kung, die nach Reinigung verlangt. Doch dann nimmt der Wahn
noch zu, breitet sich über die gesamte weibliche Bevölkerung
aus, und zwar in einer extremen Form: Die in die Wälder gejag-
ten Frauen werden zu Mörderinnen ihrer eigenen Kinder. Der
Wahnsinn manifestiert sich also in zwei Abstufungen, wobei auf
der zweiten Stufe das von der Mutter vergossene Blut des Sohnes
die Unreinheit auf die Spitze treibt.

Aber erst auf böotischer Erde, in Theben und Orchomenos,
enthüllt die dionysische Parousie ihre äußerste Schärfe. Es
beginnt mit den Minyaden, den drei Töchtern des Königs von
Orchomenos.[52] Sie tun sich mit Vorwürfen gegen jene Frauen
hervor, die die Stadt verlassen, um in den Bergen zu Bacchantinnen zu werden. Dionysos gibt ihnen noch eine Chance, seine
göttliche Natur zu erkennen. Als junges Mädchen verkleidet,
redet er den Minyaden gut zu, bei den Zeremonien nicht zu feh-
len und die Mysterien des Gottes nicht gering zu achten. Sie zol-
len ihm keinerlei Aufmerksamkeit. Dionysos kann seinem Groll
freien Lauf lassen. Seine Verwandlungen lassen ihnen die Augen
übergehen: Er wird zum Stier, zum Löwen, zum Leoparden;
sogar der Webstuhl der Mädchen – ein technisches Gerät, das
die Berufung der Minyaden zur Häuslichkeit zu rechtfertigen
scheint – beginnt an seinen Pfosten Milch und Nektar abzuson-
dern. Zutiefst erschreckt durch derartige Wunderzeichen, stürzen sich die drei Schwestern nun geradezu auf den Kult des Dionysos. Sie geben sich rückhaltlos den Riten des neuen Gottes
hin. »Ohne einen Augenblick zu verlieren, legen alle drei ihre
Lose in ein Gefäß und schütteln es; heraus fällt das Los der Leu-
kippe, die gelobt, dem Dionysos ein Opfer darzubringen, und
mit Hilfe ihrer Schwestern zerteilt sie das Fleisch des eigenen
Sohnes.«[53]

In zwei der drei bekannten Versionen[54] wird das Geschehen
um die Minyaden noch breiter dargestellt. Dabei werden die Folgen des rasenden Wahns, der sie zu Mörderinnen werden läßt,
näher ausgeführt. In Aelians Bericht springen sie zum Kithairon
davon, um sich dort den Prozessionen in den Bergen (*oreibásia*)

hinzugeben, die der Zerstückelung eines Knaben durch die Mutter vorausgehen. Sobald sie die Dionysos zustehende Kulthandlung vollzogen haben, stürmen sie davon, fröhlich und heiter, den übrigen Mänaden entgegen. Die aber stoßen sie ohne jedes Zögern zurück, jagen sie und stürzen sich geradezu in die Verfolgung »wegen ihrer Befleckung (*hágos*)«. Die braven Bacchantinnen aus Orchomenos wollen mit der mörderischen Raserei der Töchter des Minyas nichts zu tun haben. Aber erst in der Version des Plutarch kommen die Folgen der durch den Wahn verursachten Befleckung voll zum Tragen, und zwar bis hin zur Einrichtung eines dionysischen Kultrituals, das noch im ersten Jahrhundert n. Chr. in Böotien praktiziert wurde. Die drei Minyaden, so berichtet Plutarch, stellt man dort draußen in Böotien als von Anbeginn Wahnsinnige dar; sie sind – dank Dionysos – von dem Verlangen nach Menschenfleisch gepackt. Sie ziehen das Los, welches ihrer Kinder diese Gier zu befriedigen habe, und der vom Los begünstigten Mutter wird die Ehre zuteil, dem Gott ihr eigenes Fleisch und Blut, nach allen Regeln der Kunst zerlegt, darzubieten. Dieser rituelle Mord, noch intensiver erlebt durch die Gier, das Opfer zu verschlingen, bringt die Minyaden in die Nähe der Bassaren. Diese verlangen fanatisch nach Menschenopfern an den Altären des Dionysos und treiben das Entsetzen bis zum bitteren Ende, indem sie sich gegenseitig verschlingen.[55]

Von diesem Tage an nennt man in Orchomenos die trauernden Gatten der Minyaden *Psoloeis*, »mit rauchgeschwärztem Gesicht«; die Minyaden selbst bekommen den Beinamen *Oleiai*, was Plutarch mit »die Grausamen, Mordsüchtigen« umschreibt. Dies sind auch die Bezeichnungen, mit denen noch zu Plutarchs Zeiten die Nachfahren aus dem Geschlecht (*génos*) der Minyaden versehen werden. Alle zwei Jahre beim Fest der *Agrionien*[56] führen die Leute aus Orchomenos zu Ehren des Dionysos erneut die Szenen der Vertreibung und der Verbannung auf. Die Frauen aus der Verwandtschaftslinie der »Mörderinnen« werden von neuem unerbittlich gehetzt, wie einst die Minyaden, die durch das Vergießen ihres eigenen Blutes zu Unreinen geworden waren. Doch anstelle der Bacchantinnen ist es nun der Priester des Dionysos, der die Jagd aufnimmt; mit dem Schwert in der Hand »ist es ihm gestattet, die zu töten, derer er habhaft werden kann.« Als würde eine frisch gebliebene Befleckung auch noch den Nachfahren der Minyaden ein Mal aufdrücken, das es dem ersten besten Bürger aus Orchomenos – im Zeremoniell repräsentiert durch den Priester des Dionysos – erlaubt, ganz legitim die Untat zu ahnden. Gewiß ist dies ein Dionysos, der völlig in das offizielle Ritual eingebunden ist; doch läßt er noch nach Generationen die Bürde seiner Wut auf jenen lasten, die ihn zu spät erkannt haben.

In Orchomenos gibt es eine strikte Trennung zwischen den Töchtern des Minyas und den anderen Frauen. »Der Narthexträger gibt es viel, jedoch der *Bakchoi* wenige«, lautet der Spruch derer, »die die Initiationsriten durchführen«, nämlich der Jünger des Orpheus, Experten in den *teletaí*, dem heiligen Weihebrauch, die dem Dionysos einen besonderen Platz einräumen.[57] Der Gott geht in derselben Weise vor wie später auch in Theben. Zuerst kommt die graue Schar der folgsamen Ehefrauen, die den Weg zum Kithairon einschlägt. Ihre stille Besessenheit liefert nur den Vorwand für die eigentliche Epiphanie, die zu erleben den Minyaden vorbehalten bleibt. Nur ihnen kommt es zu, die radikale Fremdheit dieses Gottes der *mania* zu bezeugen: durch das Erlebnis einer Besessenheit, die den Besessenen erst sich selbst zum Fremden macht und dann zum Mörder, den die Befleckung aus der Gemeinschaft reißt.

In Theben werden, von Kadmos bis hin zu Agaue, Befleckung und Vertreibung noch kräftiger in blutigen Lettern geschrieben. Theben dessen Fluren Dionysos' Geburt erleben, fühlt sich völlig frei, den Gott nicht zu erkennen. Mehr noch als in Orchomenos trägt er in seiner Heimatstadt die Maske des Fremden. Die königliche Familie in Theben, blind gegenüber dem Erweis seiner göttlichen Natur, »soll… wohl spüren…, daß sie noch nicht geweiht zu meinem Festesrausch«.[58] Als Dionysos dann hört, wie »seine Verwandten es bestreiten, daß er ein Gott sei«[59], beschließt er, ihnen klar vor Augen zu führen, wie teuer es zu stehen kommt, wenn man ihn zu spät erkennt. Der Mord an Pentheus, die Befleckung der Agaue, die Verbannung des Kadmos – all dies sind flammende und beispielhafte Zeichen von Gewalt, die in unvergeßlicher Weise von seiner Göttlichkeit künden. Die dionysische Parousie erreicht dann ihren höchsten Gipfel, wenn das Fremde sich auf der heimatlichen Erde entfaltet. Es gilt, diesen Ort der Handlung aufzudecken und, hinter der vom Gott beherrschten Szene, auf der er seine Rolle als xénos spielt, noch eine weitere Szenerie zu beachten, die mit seiner doppelten Geburt aus dem blitzgetroffenen Schoß seiner Mutter Semele in Verbindung steht.

Die thebanische Epiphanie spielt zwischen zwei Heiligtümern, die in der religiösen und kultischen Geschichte des kadmischen Landes eng miteinander verbunden sind. Auf der einen Seite das Grab der Semele, die Brautkammer einer Frau, von himmlischem Feuer zur Niederkunft gezwungen; ein verbotener, ausgeglühter Ort, an dem eine Mutter ruht, deren Sohn kommen soll, um sie zu rächen. In seinen ersten Worten weist Dionysos auf diesen Ort des Grabes.[60] Doch gibt er vor, das nicht zu wissen, was jeder Zuschauer, der mit Theben und seinen Göttern vertraut war, wußte und vor Augen hatte: »Bei der Kammer der Semele« befand sich ein anderes Heiligtum, nämlich das des Dionysos *Kadmeios*.[61] Es ist eben der Dionysos, der gewaltige thebanische Gott, den auch der Chor im *Ödipus Rex* anruft: nach dem lykischen Apoll, dem Retter und Gott mit dem Bogen, ist es *Bakchos*, der mit den Ehoe-Rufen und der purpurnen Maske, der Gefährte der schweifenden Mänaden, der Gott, der »Eponym« des thebanischen Landes ist; es ist der Dionysos, der den Namen des autochthonen Kadmos als Beinamen führt.[62] Nach dem Zeugnis von Inschriften seit dem 3. Jahrhundert v. Chr. steht Dionysos *Kadmeios* zusammen mit Apollon an der Spitze der thebanischen Götterversammlung.[63] Und das Fest, das alle zwei Jahre ihm zu Ehren gefeiert wird, trägt denselben Namen wie das Ritual in Orchomenos, an dem die Minyaden beteiligt sind: *Agrionien*. So ist denn jener Gott, der sich der Stadt als Fremder präsentiert, der mächtigste aller Götter Thebens neben Apollon[64], der wieder einmal sein Genosse ist – eine

23

paradoxe Situation, müßte man Dionysos den Göttern an die Seite stellen, die in der Tat aus fremden Landen stammen, wie Bendis, die aus Thrakien, oder Adonis, der aus Syrien kam. Wenn Fremdsein aber als struktureller Bestandteil seiner Göttlichkeit gesehen wird, so verwundert es nicht mehr, daß dieser besondere Zug gerade in dem Land und in der Stadt, die ihm am vertrautesten sind, besonders stark hervortritt. Und je näher seiner Herkunft jene sind, die ihn nicht kennen wollen, desto stärker wird sein Wunsch nach Anerkennung, desto schlimmer wird die Gewalttätigkeit in seinen Epiphanien. Auf thebanischem Boden, mitten unter den Seinen, kann Dionysos nicht länger verbergen, daß er der Fremde aus dem Innern ist, und so das Befremdliche seiner Parousien zum Wesen seiner göttlichen Natur gehört, die unvergleichlich ist.

Am fernen Horizont der *Agrionien* zeigt sich Dionysos, der die Töchter des Kadmos in den gleichen mörderischen Wahn führt wie die Töchter des Minyas. Aus Liebe zu Semele wählt er selbst das Kind, das unter seinen Augen von der eigenen Mutter zerrissen und geopfert werden soll. Pentheus, zerstückelt von Agaue: das ist die tragische Umkehrung des dionysischen Paares von Mutter und Sohn, in Liebe fest umschlungen und in Theben wohlbekannt. Gegenüber der wilden Raserei der Agaue und ihres Thiasos spielt der Chor der lydischen Bacchantinnen bei Euripides die gleiche Rolle wie die friedfertige Schar der Frauen von Orchomenos, die als Mänaden zum Kithairon schwärmen. In Theben, im Intrigenspiel der thebanischen Tragödie, verkündet Dionysos höchstselbst die Strafe, die er Kadmos und Agaue zugedenkt.[65] Gleich den Minyaden, unrein und aus dem Lande gejagt, so muß auch die Mutter des Pentheus den Weg in die Verbannung gehen. Verschlossen bleibt ihr nun das Vaterhaus, dem Vaterland wird sie entrissen.[66] Den Grund nennt ihr Dionysos: »Als Mörderin mußt du die Stadt verlassen«[67], worauf Agaue reuevoll erwidert: »Hätt’ ich mir selbst die Hand befleckt nicht mit dem Frevel (*mýsos*)«.[68] Doch weitere Strafe häuft Dionysos auf sie und ihre Schwestern: »Die Heimatstadt verlassen, um die Schmach (*anhósion míasma*) zu löschen, die sich an diese haßerzwungene Mordtat heftet, und nie das Vaterland erblicken mehr; es dürfen ja Mörder nicht bei den Gräbern ihrer Opfer bleiben…«[69] Die Töchter des Kadmos kennen das Los, das Mörder trifft: Als Unreinen bleibt ihnen das Betreten thebanischen Bodens versagt.

In Orchomenos verdammt Dionysos die Nachfahren der Minyaden dazu, die Befleckung ihrer Ahnen auf sich zu nehmen. In Theben sind es hingegen die Vorfahren, die in der Person des Kadmos, des Großvaters des Pentheus, zur Zielscheibe des Gottes werden. Dem männlichen Geschlecht offenbar nicht sonderlich zugetan, zwingt der Gott in der Maske des Fremden den Begründer der Dynastie in das Exil: Wie seine Töchter wird auch Kadmos ins Barbarenland gejagt. Mehr noch, Dionysos erlegt »dem Sämann des thebanischen Geschlechts«[70] zudem noch auf, Soldatenhorden gegen Griechenland zu führen, und obendrein auch noch barbarische. Es kommt noch mehr an Grausamkeit. Der Gott befiehlt dem Kadmos, sich als Eroberer selbst barbarisch aufzuführen und zu zerstören, was an Gütern den Griechen äußerst heilig ist: die Altäre der Götter und die Gräber der Vorfahren. Dies soll solange gehen, bis der Begründer Thebens und seine Frau die Tore Delphis erreicht und »das Heiligtum des Loxias geplündert«[71] haben. Um von seiner monströsen Schlangengestalt befreit zu werden und mit Harmonia, seiner Frau, im Lande der Seligen zur Ruhe zu kommen, muß der zum Barbaren gewordene Kadmos bis an die äußersten Grenzen der Gottlosigkeit vorstoßen und das schlimmste Sakrileg begehen: das panhellenische Heiligtum des Apollon plündern und die Heimstatt eben jenes Götter zerstören, der im verlassenen Theben neben Dionysos die andere große Gottheit ist.

Unter zwei identischen Bildnissen

Die Rolle des Melampos in der argivischen und sikyonischen Überlieferung hatte bereits nahegelegt, die *mania* als einen Zustand zu sehen, der halb Krankheit ist und halb Befleckung.

Die Behandlung des Wahnsinns lag in der Kompetenz des Sehers, Magiers und Reinigers, der seine Methoden nebeneinander oder nacheinander einsetzte: Beschwörungsformeln, Heilkräuter, korybantischer Tanz oder Blut, das – auf dem Haupt verteilt – reinigende Wirkung haben sollte. Der Wahn, die dionysische *mania*, birgt etwas Unreines, das man unmittelbar der Tatsache zuschreiben kann, daß die davon Befallenen außer sich geraten, sich von anderen trennen und auch von sich selbst. So erweckt die Verdüsterung der Sinne von Lykurg bis hin zu Agaue den Eindruck, als riefe eine anfängliche Befleckung eine nächste hervor: Unreinheit gezeugt durch Mord, unsaubere Hände durch Kindestötung. Der Mörder hat vieles mit dem Geisteskranken gemein: Der Wahnsinn führt zum Mord, der Mörder gilt häufig als Besessener. Es ist somit die reinigende Kraft des Dionysos, die sich in den heftigen Parousien des *Bakcheios* oder *Bakcheus* verrät. Je stärker der Wahnsinn hervorbricht, desto mehr Raum ist auch für die Katharsis gegeben. Dionysos ist mit beidem innig vertraut.

Davon zeugt seine Biographie: ein göttliches Kind, von einer sterblichen Mutter geboren, verfolgt vom Haß seiner Stiefmutter Hera. Bei Apollodor[72] kann Dionysos, von seinem vorgewarnten Vater in ein Böcklein verwandelt, nur mit knapper Not dem blutigen Wahnsinn entkommen, der sich auf das Haus von Athamas und Ino senkt. In Nysa, eiligst dort von Hermes verborgen, entdeckt der junge Dionysos den Weinstock. Hera folgt ihm auf dem Fuße und richtet diesmal ihre Wut, ihren alles verzehrenden Zorn, direkt gegen ihn: Dionysos fällt ins Delirium. Die *mania* packt gerade ihn, den Gott, der selbst einmal die Menschen in den Wahnsinn treiben soll, just in dem Augenblick, als in der Erwähnung des Weinstocks schon das berauschende Getränk anklingt; doch Dionysos befindet sich noch in der Gewalt der Hera, die ihrerseits eine Meisterin wütenden Rasens ist.

Nun macht er sich daran, zwischen Ägypten und Syrien umherzuschweifen. Proteus, der König der Ägypter, nimmt ihn als erster auf. Dionysos aber setzt seinen Weg fort; nach Phry-

gien wird er verschlagen, wo Kybele zu Hause ist. Dort wird er
von Rhea, der Göttermutter, aufgenommen, die sich hier von
ihrer phrygischen Doppelgängerin unterscheidet, jener Mutter-
gottheit nämlich, die von Tambourins, Flöten und geheimen
Gottesdiensten (*órgia*) umgeben ist.[73] Die alexandrinische Bil-
derwelt kennt den Dionysos, der sich, von Hera hartnäckig verfolgt, an den Altar seiner fürsorglichen Großmutter flüchtet, die
ihn vor seiner Stiefmutter rettet.[74] Vor allem aber macht Rhea
den Wahnvorstellungen ihres Enkels ein Ende: Sie »reinigt« ihn,
sie erlöst ihn von der *mania*. Und Dionysos, wieder Herr seiner
Sinne, lernt nun seine ihm eigenen Formen der Verehrung kennen, seine *teletaí*; aus der Hand Rheas empfängt er seine Ausstattung, die *stolé*, sein Kostüm als Bacchant, bevor er in Richtung
Thrakien aufbricht. Der Akt der Reinigung entläßt ihn aus der
durch die *mania* erworbenen Unreinheit; er macht ihn, wie es
scheint, in ritueller Form bereit, in sein eigentliches Zeremoniell
eingeführt zu werden. Denn die *stolé* ist in diesem Zusammenhang nicht etwa ein Kleidungsstück, das die Blöße bedecken soll,
sondern die den Anhängern des Dionysos vorbehaltene Tracht,
die bei den Kultzeremonien zu tragen ist, jene Tracht also,
die anzulegen Dionysos die Männer und Frauen von Theben
drängt.[75] Der Thyrsosstab, der Efeu, das lange Gewand, und vor
allem das Rehkitzfell: sie bilden die bacchische Garnitur, mit der
Dionysos, der Jäger in der Verkleidung eines Garderobiers, mit
großer Sorgfalt den Pentheus in den *Bakchen* ausstaffiert.[76]
Eigentlich ist es ja ein Frauengewand, und der es akzeptiert, ist
schon von einem leichten Irresein berührt[77]; eine erste Veränderung hat bereits stattgefunden. Es ist jedoch auch der Ornat des
Gottes. Gefangen im Kultgewand, das er wie eine Maske trägt,
ist Pentheus zu einem *Bakchos* geworden, ein Gläubiger mit
ungläubigem Herzen; schuldig in seinem Bestreben zu beobachten, was denen zu sehen nicht erlaubt ist, die nicht wirklich
Bakchoi geworden sind – Dionysos sagt ihm dies deutlich.[78]

Dionysos, gereinigt und neu eingekleidet in sein maskenarti-
ges Gewand durch die fürsorgliche Rhea, verbindet in seiner
Biographie zwei wichtige Aspekte des frühen Dionysischen.

Der eine, recht deutlich auf der Ebene des Mythos, enthüllt die Unreinheit des Wahns, der *mania*; Befleckung, die sie zufügt, aber auch Erlösung, nach der sie verlangt. Der andere, der sich eher in ritueller Gestalt bewegt, deckt auf, daß die Erfahrung der dem Dionysos Ergebenen durch eine wechselseitige Vision geprägt wird, nämlich durch die Schau des Bacchanten wie auch die des Gottes: »Er sah mich, ich sah ihn; er schenkte mir seine *órgia*«[79], hört man den Pentheus sagen, neugierig auf die Zeremonien, die *teletaí*, die der Fremde brachte. In dieser Wechselbeziehung kommt es zu einer völligen Anpassung der Ausstattung, in der der Feiernde und der Gefeierte in ähnlicher Weise andere sind; beide werden zu Bacchanten – ein Zustand, der Gott und Mensch auf den gleichen Nenner bringt. Nachdem Dionysos die Prüfung durch die *mania* kennengelernt hat, wird er durch die Einführung in seine eigenen Mysterien zu dem, was er ist. Der Prozeß der Reife wird begleitet von der Anerkennung durch die Welt der Olympier. Aber es ist ein Dionysos, der in seiner eigenen Geschichte als Gott beispielhaft jene wesentlichen Elemente religiöser Erfahrung in sich vereinigt, die er unter dem Zeichen des Fremden in der Welt des Menschen vermittelt: Die Befleckung im Wahn verbunden mit Reinigung, und dann im weiteren die Verkleidung in der Maske gepaart mit dem Anblick eines furchtbaren Gegenüber.

Dionysos, mit *mania* geschlagen und von Hera in den Wahnsinn getrieben: Trotz seiner Abneigung gegen die respektlosen Mythen läßt Platon, umgeben von seinen Alten, ihn keine schlechte Figur machen.[80] Er zieht sogar eine Lehre für seine Philosophie der Erziehung daraus, wenn es darum geht, Dionysos die Leitung des Chores anzuvertrauen, der dem Dritten Lebensalter vorbehalten, nicht aber mit dem Chor jener identisch ist, die sich bereits zur Ruhe gesetzt haben. Die Alten gelangen nach der platonischen Lehre zur politischen und religiösen Reife. In den *Gesetzen* lernen wir einen Dionysos kennen, der sich rächt für die *mania*, der er unterworfen war: Er schafft für die Menschen die bacchischen Zeremonien (*bakcheíai*), wie auch alle Arten von Tänzen in Trance (*maniké... choreía*). Aus dem gleichen Geiste heraus habe uns Dionysos das Geschenk des Weines gemacht, als ein Heilmittel (phármakon) nämlich, das als so kostbar gilt, daß man es in der Stadt der Magneten den Alten in unverdünntem Zustand verabreichte und ihnen damit zugleich »Weihe und Entspannung« (teleté und paidiá[81]) bescherte. Die Darstellung ist hier konziser als in Apollodors *Bibliothek* und kennt keine Umschweife, die sich auf die Prüfung des Dionysos bezögen. Der von Hera gesandten *mania* entsprechen hier bacchische Raserei im Wechsel mit unverdünntem Wein, von denen das eine wie das andere die Initiation bewirken kann.

Im Zustand der Trance also findet nach dem herkömmlichen Vorgehen in der Kultpraxis die Reinigung statt.[82] Dies gilt zunächst für Theben, aber im weiteren auch für Sikyon und Korinth. In der *Antigone*, zur Stunde, da die ganze Stadt zur Beute der Krankheit, der *nósos* geworden ist, des Pesthauchs, der von den Toten ausgeht, die unbestattet unter freiem Himmel liegen, da wendet sich der Chor an *Bakchos*, den Gott von Theben, doch auch der Höhen Delphis und des Heiligtums von Eleusis. »Eil' heran dein Retterfuß, ob Parnassos' Berghang hindurchwandelnd, ob das Gestöhn der Meeresflut«.[83] Dies ist der Dionysos *Katharsios*, der Reiniger, der Gott, der erlöst und der deshalb in Theben auch *Lysios* genannt wird. Wiederum ist er in Begleitung seiner Mutter Semele, doch in einem Tempel nahe den Stadttoren, an einer Stelle, die man die Tore der Proitiden nennt.[84] Hier herrscht ein Dionysos aufgrund seiner Position als *Kadmeios* innerhalb der Grenzen des urbanen Raums. Er ist die Macht hinter den »erlösenden und reinigenden Zeremonien«.[85] *Katharsios* oder *Lysios* – der Gott von Theben regiert als Bacchant; sein Geburtsort kann seine Parousien nicht vergessen.

In der Stadt des Kadmos, wie auch in Sikyon, erscheint Dionysos gedoppelt, zeigt zwei Gesichter, trägt zwei Namen, die beide im alljährlichen Zeremoniell genannt und dargestellt werden. Sikyon ist das alte Aigialeia, ein Kreuzpunkt mehrerer bedeutender Reinigungsakte: Hier wurden die Töchter des Proitos von Melampos gereinigt, hier auch Apollon, der nach dem

Mord an Python vom Wahnsinn befallen war. Dort besitzt Dionysos zwei Wohnstätten.[86] Ein Heiligtum liegt unterhalb der Akropolis hinter dem Theater: Sichtbarer Gott in Gold und Elfenbein inmitten seiner Bacchantinnen aus weißem Marmor, Herr über ihm geweihte Frauen (*hieraí*), die für ihn in Trance fallen. »Andere Kultbilder haben die Sikyonier im Verborgenen; diese bringen sie jedes Jahr in einer Nacht aus dem sogenannten Haus des Schmückens (*kosmetérion*) ins Dionysion mit brennenden Fackeln und einheimischen Hymnen. Voran geht der, den sie *Bakcheíos* nennen, dessen Kult Andromadas, der Sohn des Phlias, einrichtete, und es folgt der sogenannte *Lysios*, den der Thebaner Phanes auf Geheiß der Pythia aus Theben brachte.«[87] Im Schutze des Dunkels teilt sich Dionysos, läßt seinen marmornen Thiasos und die Frauen in Trance im Stich. Sein offizielles Kultbild gibt er auf und macht sich daran, beim Klang der Hymnen und im Schein der Fackeln in beide nächtlichen Masken zu schlüpfen. Gibt er sich an der Spitze dieses Zuges als Bacchant, als Gott der Raserei, so zeigt er sich doch weiter zurück als reinigende Kraft, als *Lysios*, Gott der Erlösung, der, aus Theben kommend, von einem Anhänger seiner Epiphanie, mit dem passenden Namen Phanes, hierher gebracht worden war. Die zweifache Macht des Dionysos wird in dieser analytischen Inszenierung der *mania* deutlich: *mania* kann Reinigung durch den Wahn selbst bedeuten; da aber mit der Gewalt, die aus dem Wahne kommt, auch das Bewußtsein der Unreinheit entsteht, verlangt diese wiederum nach Reinigung. Dies entspricht genau dem von Dionysos eingeschlagenen Weg zwischen den beiden Mächten Hera und Rhea.

Diese Zweiheit stellen die Leute von Korinth am hellichten Tag auf ihrer Agora zur Schau, aber in zwei völlig einheitlich gestalteten Statuen des Gottes.[88] Es handelt sich um *xóana*, um hölzerne Standbilder, ganz mit Goldblech beschlagen, ausgenommen das zinnoberrot geschminkte Gesicht. Rein äußerlich unterscheidet nichts die eine von der anderen. Und doch trägt eine Statue den Namen *Lysios*, die andere die Bezeichnung *Bakcheios*. Einzig diese Benennung widerspricht der völligen Übereinstimmung, welche bis zur Wahl der gleichen Herstellungsmaterialien reicht. Pausanias, unser Informant, hat die Geschichten, die in Korinth erzählt wurden, schriftlich festgehalten: Pentheus habe Dionysos beleidigt; hoch oben in einem Baumwipfel sitzend habe er dem Gott nachspioniert; daraufhin sei er zerrissen worden. Nach diesem Drama habe das Orakel der Pythia den Bewohnern von Korinth befohlen, den blutbesudelten Baumstamm zu suchen und ihn gleich einem Gott zu verehren. Die zwei Bildnisse des maskierten Dionysos, beide aus demselben gewalttätigen Holz geschnitzt, bestätigen die Identität des *Lysios* mit dem Bakcheios von Theben und den Bergen des Kithairon. Die beiden Aspekte der Gottheit werden hier also nicht durch die Wahl unterschiedlicher Materialien verdeutlicht, die gegensätzlichen Charakter aufweisen, wie das etwa die Naxier mit ihren beiden Masken des Dionysos getan haben: Die eine, *Bakcheus* genannt, war aus dem Holz des Weinstocks geschnitten; die andere, *Meilichios*, der »Süße« und »Besänftigende«, war aus dem Stamm des Feigenbaums gearbeitet.[89] Mehr Raffinement zeigen die Korinther mit ihren beiden Dionysosbildern, die gleiche Masken auf dem gleichen Holzkern tragen: identische Doppelgänger, von einer Stimme mit unterschiedlichen Namen versehen und damit den beiden Polen ein und derselben Macht zugeordnet, die sich in so perfekter Maskerade zeigt.

Schöpfer des Weins
und ferner Parousien

Sobald man das Gebiet Thebens verläßt und sich nach Attika wendet, scheint dieser Typus der Epiphanie zu verschwinden, sich zu verflüchtigen. Er macht einer weiteren Reihe von Erscheinungen Platz, deren Rahmen sich in eben dem Maße ändert, wie Dionysos selbst ein anderer wird. Theben, der Stadt, die ihn am reinsten und am intimsten verkennt, überläßt der Sohn der Semele das Rehkitzfell, macht sie zu seiner Mänade, gestaltet ihr Inneres, nimmt ihr ganzes Wesen in Besitz, indem er sie tanzen und springen läßt, so wild und brutal, daß sogar die, die ihren Grundstein legten, ihrem Selbst entrissen, hinausgeschleudert und zu Barbaren werden.

Der Dionysos, der auf attischen Pfaden wandelt, zeigt sich in einer ganz anderen Maske: Er ist ein zurückhaltender Gott, geduldig, eine Macht des guten Willens und der großzügigen Geste; genau das Gegenstück zu seinem thebanischen Charakter. Dieser andere Dionysos, der uns im Lande des Euripides vor Augen tritt, ist in den *Bakchen* zwar nicht unbekannt – zweimal wird er erwähnt –, doch dann als eine ferne, vielleicht gar irreale Gottheit.[90] Tiresias steht einsam als ihr Prophet da; zu Pentheus gewandt, der kurz davor ist, ihm übel mitzuspielen, formuliert der Seher die theologische Wahrheit über den Gott, der sich in Theben zu erkennen gibt.

»Zwei Güter, junger Herr
besitzen für die Menschen höchsten Wert: Demeter,
das ist die Erde, kannst sie nennen, wie du willst;

sie nährt die Sterblichen mit ihren trocknen Gaben.
Gleichwertiges erfand Semeles Sohn und führte
es bei den Menschen ein, den Traubensaft, den Trank,
der die geplagten Sterblichen vom Leid befreit,
wenn sie am Strom der Reben sich erquicken, und
den Schlummer bringt, Vergessen aller Qual des Tages;
er ganz allein schafft Hilfe gegen jede Not.
Er, selbst ein Gott, wird Göttern dargebracht als Spende,
so daß durch ihn der Mensch das Gute ernten kann.«[91]
Tiresias, der schlohweiße Bacchant, ist dem Apollon eigen,
der andern großen Gottheit Thebens. Als einziger im Kreis der
Pentheus eng Vertrauten wird er die Rache des Dionysos nicht
spüren. »Dem Phoibos bringst du keine Schande, Greis, und
handelst nur klug, den Bromios, den Großen Gott (*Mégas
Theós*), zu ehren.«[92]

Der nächtliche Besucher

Die Gottheit, die vom Seher angerufen wird auf Thebens Bühne,
ist eben der Dionysos, den die Athener kennen, der Gott des
Rebstocks und des Weins, ins Land gekommen, wie die Mythen-
schreiber es erfassen, zur Zeit des Königs Pandion.[93] Zu eben
jener Zeit tritt Demeter ins Haus des Keleos, des Königs von
Eleusis, und bringt das Getreide als Nahrung. Dionysos indessen, Gast des Ikarios, birgt in den Falten seines Mantels die erste
Pflanze eines Rebstocks. In Frieden angekommen sind die beiden großen zivilisatorischen Kräfte, und, was Dionysos anbe-
langt, auch mit bemerkenswerter Umsicht. Denn auf dem Weg
zu den Heiligtümern und den lauten Festen, durch die seine Präsenz im Herzen von Athen bestätigt wird, wählt sich Dionysos
die Route aus, die Umwege und kluge Pfade der Vermittlung
nutzt. Umwege, die nach einem räumlichen Modell von außen in
das Zentrum führen, doch ihren Anfang an zwei verschiedenen
Punkten haben: Der eine liegt im Landbezirk (*démos*) Ikaria,
nordöstlich von Athen, der andere in der Stadt Eleutherai, nord-

westlich und benachbart dem thebanischen Gebiet. Des weiteren zeigt sich Dionysos geschickt in seinen vermittelnden Interventionen; maßvoll und wohldurchdacht gestaltet er seine Epidemie nach einer Strategie, die, umfassend und gut konzipiert, ihn schließlich auf der Straße der großen Prozessionen genau in das religiöse Zentrum der Stadt Athen leiten wird.

Wir sehen eine Art des Vorgehens, die geprägt ist durch die Zurückhaltung eines Gottes, der sich nur schwer zu erkennen gibt und es selbst dem Orakel des Apollon überläßt, genauso wie dem Pegasos vor den Toren von Athen, mit einem Worte daran zu erinnern, daß »einst Dionysos hierher kam in den Tagen des Ikarios«.[94] Derart verstohlen hatte sich damals, als er dort Gast für eine Nacht gewesen war, das kurze Auftreten des Gottes abgespielt. Im Hause des Ikarios ließ er, bevor er sich zurückzog – vielleicht sogar ganz unerkannt –, eine Rebenart zurück. Daraus, so hatte er dem Herrn des Hauses, der Gartenbau betrieb, versprochen, würde er ein ungewöhnliches Getränk gewinnen, wenn er nur seinem Ratschlag folgte. Dies ist gewiß die Zeit des schrittweisen Vorgehens: Der Rebstock ist zu pflanzen; das Handwerk des Winzers zu betreiben; dann folgt die Frucht und ihre Reifung; und schließlich der Most und das Fermentieren. Ikarios lädt seine Nachbarn ein, den neuen Wein zu kosten. Man trinkt, ist höchst verwundert über die duftende Flüssigkeit; bald darauf singt man das Lob der Frucht der »wilden Mutter«.[95] Plötzlich fällt ein Zecher rücklings zu Boden, ein anderer bricht zusammen, der Rausch läßt selbst die Stärksten schwanken. Und die noch auf den Beinen sind, sie schreien Mord und Gift. Man wirft sich auf Ikarios, schlägt in wilder Wut auf ihn ein. Seine verstümmelte Leiche wird in einen Brunnenschacht geworfen. Seine Tochter Erigone erhängt sich; Maira, die Hündin, tötet sich selbst; die Erde wird von einer entsetzlichen Unfruchtbarkeit heimgesucht. Als sich die Stimme des Orakels hören läßt, rät sie, die Toten zu besänftigen; mit keinem Wort setzt sie sich dafür ein, die kultische Verehrung des Dionysos einzuführen.[96] Die Menschen müssen ihre eigenen Erfahrungen mit unverdünntem Wein machen, dem Trank, der wie Feuer brennt, dem Getränk, das kalte Tod einflößt, so wie das Blut des Stieres, das man bei den Ordalien reicht. Zu Zeiten des Ikarios taucht der Wein zunächst als starkes Gift auf; und Dionysos, zurückgezogen in das Dunkel, überläßt es den Menschen, die Macht des Weines zu entdecken und die Macht des Gottes, der darinnen wohnt – er selbst zeigt dabei niemals sein Gesicht. Denn es ist ein anderes Tor, durch das der Gott der Trinkgelage kommen soll, die Gottheit, die Tiresias von Theben her verkündet hat.

Im Demos Ikaria trägt Dionysos die Maske des Fremden, jene Maske jedoch, in der die Götter auftreten, wenn sie von Stadt zu Stadt ziehen, um, wie man sagt, »den Übermut oder die Redlichkeit menschlichen Tuns«[97] aufmerksam zu beobachten. Und so zieht auch Dionysos als nächtlicher Besucher durch das Land, das heute noch seinen Namen (*sto Dioniso*) trägt und wo er, in einer Hand den Kantharos, seit dem 6. Jahrhundert v. Chr. thront, in jenem Heiligtum, das seine Statue – zwei Meter hoch – aus Marmor birgt. Ein Dionysos, der, eng verbunden mit Apollon Pythios[98], dort sehen kann, wie Thespis, ein Bürger aus dem Demos von Ikaria, die Chorgesänge einstudiert, den Schauspieler erfindet, die Maske entdeckt, um dann, nicht weit entfernt, in der zentralen Siedlung, in Athen, an den ersten Großen Dionysien zu triumphieren.[99] Eben dieser Schauplatz ist es, den Dionysos heimlich wie ein Dieb durchmißt.

Eleutherai vergessen

Schon ist er zu anderen Ufern aufgebrochen; leise streicht er um die Tore von Eleutherai herum. Dort wird sein Handeln noch verwickelter, auch wenn er die vermittelnden Hilfen nicht ausschlägt, die ihm das Städtchen mit dem Namen »Freiheit« bietet. Nordwestlich von Athen liegt dieser Grenzort, am Fuße des Kithairon, genau am Grenzsaum zweier Territorien, von Attika und Theben.[100] Und auch Dionysos versteht es, sich in zwei Gestalten zu zeigen, und zwar an seinen Kultstätten wie auch in seinen Manifestationen.

An dem Berghang, der nach Theben zu abfällt, öffnet sich eine Grotte, in der Nähe zwar, jedoch geschieden vom Tempel, in dem Dionysos *Eleuthereus* residiert, der Gott, der sich auf den Weg nach Athen machen will.[101] Der Gott der Höhle, das Haupt bekränzt mit Efeu, ist ein Gott der Besessenheit[102]; eine hölzerne Säule erinnert an einen anderen Dionysos, nämlich den im Palaste des Kadmos mit dem Beinamen *Perikionios*.[103] So wurde er in Erinnerung an den Efeu genannt, der auf wundersame Weise das Neugeborene bedeckt hatte, um es vor dem Feuer zu schützen, das vom Himmel fiel. Hinter dem hölzernen efeugeschmückten Bacchanten, der im Freien aufgestellt ist, öffnet sich die Höhle. Hier hatte Zeus sich in der Absicht, Antiope zu verführen, in einen Satyr verwandelt[104], einen Gefährten des Dionysos. In diese Höhle begab sich auch Dirke, Thebens Königin und treue Anhängerin des Dionysos, als sie mit ihrem Thiasos ins Gebirge geschwärmt war.[105] Und hier bahnte sich Antiopes Marter durch einen wütenden Stier an, ein Plan, der sich schließlich gegen die thebanische Königin selbst richten sollte.

Doch dem ungestümen und ekstatischen Dionysos, der sein Gesicht nach Theben richtet, steht der Gott aus Eleutherai gegenüber, der im städtischen Tempel wohnt, der Dionysos, dessen Kultbild, nach Athen gebracht, von nun an den Zyklus der Dionysien eröffnet. Um seiner Ankunft zu gedenken, überführen die Athener in der Tat alljährlich an einem bestimmten Tage das Standbild des *Eleuthereus* in einen Tempel von bescheidenen Ausmaßen am Rande der Stadt, nahe der Akademie und eines Heiligtums der Artemis.[106] In Eleutherai zeigt Dionysos sogar in seinem städtischen Bezirk offenbar zwei Gesichter, so wie er sich auch zweier einheimischer Mittelspersonen bedient. Der erste war der Eponym des Ortes, genannt Eleuther; ein unbedeutender König, begleitet von zwei Töchtern, denen die Ehre zufiel, Dionysos in seiner schönen schwarzen Ägis zu erblicken. Die Mädchen finden ihn zum Lachen, und sogleich schickt ihnen der verletzte Gott seine *mania*. Besorgt befragt der Vater das Orakel und kann dem Rasen schnell ein Ende setzen, indem er nun befiehlt, den offiziellen Kult zu Ehren des Dionysos vom

Schwarzen Ziegenfell, des *Melanaigis*, einzurichten.[107] Der Zorn des Gottes war verraucht, er trägt nichts nach, als hätte er sein Wüten in Theben schon vergessen. Inzwischen hatte schon der brave Pegasos, gebürtig in Eleutherai, die Straße nach Athen genommen, und zwar mit einer einzigen Aufgabe: Er sollte den Athenern das Kultbild, das *ágalma*, des Dionysos bringen. Das Unternehmen wird zwar zügig, jedoch in zwei Etappen durchgeführt.

Recht zögerlich zeigen sich anfangs die Athener; Dionysos erhält, genau genommen, einen unfreundlichen Empfang. Sofort wird die gesamte männliche Bevölkerung mit einer Art von Satyriasis geschlagen, sie findet sich in einem Zustand steter Erektion, die schmerzhaft und durch nichts zu lindern ist.[108] Glücklicherweise nennt das delphische Orakel das Heilmittel für das geplagte Glied: Phallen sollen errichtet und in einer Prozession zu Ehren des von Pegasos bekannt gemachten Gottes mitgetragen werden. Die pathologische Veränderung des männlichen Geschlechtsorgans stimmt die Gemüter darauf ein, Dionysos die Form des Kults zu widmen, dessen Instrument und zugleich göttliches Attribut ein Penis ist, kräftig geformt und wohlgestaltet. So kennt man es von Delos, wo man den Phallos als ein »Bildnis« (*ágalma*) des Dionysos bezeichnet.[109] Ist es nicht gut verständlich, daß sich die Leute von Athen abweisend gegenüber dem Boten eines Gottes verhalten, der als ein Unbekannter und obendrein in der verwirrenden Gestalt eines großen erigierten Geschlechtsteils bei ihnen auftaucht?

Dem ersten Einzug folgt dann die Gesandtschaft, die von Erfolg gekrönt ist: Pegasos findet einen königlichen Gastgeber. Der Triumph wird durch die Dienste des delphischen Orakels vorbereitet, das unermüdlich den Athenern die Reise ins Gedächtnis ruft, die der Gott des Weines gerade im Lande des Ikarios unternahm.[110] Die Rundreise des Dionysos durch Attika findet ihr Ende mit der offiziellen Aufnahme an der Tafel des Königs Amphiktyon, an der auch die anderen Götter dieser Stadt versammelt sind. Ganz ohne Zweifel sind das die gleichen Götter, die in einem delphischen Orakel verzeichnet sind, das vorschreibt, *Bakchos* nicht zu übersehen, den Gott der »reifen Früchte« (*horaía*), Chöre zu bilden, Mischkrüge aufzustellen und in den Straßen den Opferrauch steigen zu lassen sowohl für Zeus, den Allerhöchsten (*Hypatos*), als auch für Herakles und für Apollon, den Beschützergott (*Prostaterios*), und Gott der Altäre, die vor den Türen der Häuser stehen (*Agyieus*).[111]

Der Einzug des Dionysos vollzieht sich durch das Dipylon genannte Doppeltor, von dem die großen Prozessionen ihren Ausgang nehmen, die großen Festumzüge, wenn die ganze Stadt sich ihrer Selbstdarstellung hingibt. Pausanias, wie immer unterwegs, hat dort in einem Schatz von grell bemalten Standbildern auch eine Statue des Königs Amphiktyon gesehen, der gerade den Dionysos in der Gesellschaft anderer Götter empfängt, mit all dem Pomp der Göttermahle, *Theoxenien*, wie es Apollon in dem Heiligtum von Pytho liebt. Ein ruhmreicher Dionysos vollendet hier sein Werk, das in Ikaria an jenem Tag begann, da er den ersten Rebenschößling dort zurückließ. Doch der Dionysos, der nun mit Amphiktyon tafelt, vertraut dem gastfreundlichen König etwas an, was er dem Gastgeber von einst, dem Herrn der baumbestandnen Gärten, noch nicht verraten hatte: die Kunst, den Wein zu trinken, den neuen Trank auch zu schätzen, der jetzt für die ganze Menschheit entdeckt war. Denn in der Tat zeigt das Geschehen in Ikaria, daß Wein nur mit Vorsicht zu genießen sei.

Blut des Himmels – Blut der Erde

Die Überlieferung, die sich um den Rebstock, die Entdeckung der ersten Pflanze rankt, spricht ihr übernatürliche Herkunft zu. Dies war in der Erzählung um Ikarios jedoch zurückgetreten, da die Betonung auf der übermenschlichen Gewalt des Getränkes lag, das aus der Traube gewonnen werden konnte. Eines Tages fiel ein Tropfen göttlichen Blutes vom Himmel auf die Erde. Mitten im Wald entwickelte sich daraus ein Strauch mit einem Stamm, der Rebenschößlinge austrieb, mit Zweigen und Ranken. Ein wilder Weinstock schoß ganz von selbst empor (*auto-phyés*) und schlang sich hochfahrend um die Bäume. Bis zu dem Augenblick, in dem Dionysos auf seiner Irrfahrt durch die Welt auf diese Pflanze stieß und auch erkannte, daß dies die prall mit dunkelrotem Saft gefüllte Traube war, die im Orakelspruch der Rhea angekündigt worden war.[112] Ein anderes Mal ist es ein König von Ätolien, Orestheus, der Gebirgler, der die Mittler-rolle spielt. Statt eines Wurfes junger Welpen bringt seine Hündin ein Stück Holz zur Welt. Orestheus läßt es in die Erde pflanzen, der erste Weinstock wächst daraus. Die Überlieferung führt in zwei Richtungen: Die Hündin des Königs läßt an ein Himmelszeichen denken, die Canicula, den Hundsstern, Sirius; die Nachkommen des Bergbewohners Orestheus jedoch steigen in sanfter Linie hinab zum Weinberg, zu dem des Enkels, der den Namen »Winzer«, *Oineus*, erhielt von seinem Vater, der selbst »der Pflanzer« heißt.[113] Sofern nicht – und das ist ein dritter Strang der Überlieferung – Orestheus selbst den Rebstock schon entdeckte, als er die Ziegenherde trieb und einem Bocke folgen mußte, der die Freiheit liebte. Er hatte sich davongemacht, um ungestört die Blätter und die Früchte eines Strauches abzufressen, der sich ans Ufer des Acheloos klammerte. Von diesem Ausflug wird der Ziegenhirt den Wein mitbringen als Geschenk für seinen Herrn und König *Oineus*, den gekrönten Winzer.[114]

Die Berichte von der Kultivierung des Rebstocks zeichnen den gleichen Weg vom Wilden zum Kultivierten nach; beides sind hier ursprüngliche und sehr deutliche Kategorien. Das Stutzen, das Zurückschneiden des Weinstocks, um das Erscheinen neuer Triebe anzuregen, übernimmt hier der Esel, der gefräßig die Weinranken verschlingt.[115] Wie auch der Ziegenbock ist er ein dionysisches Tier; die Form seines Kiefers bietet das von der Natur gegebene Vorbild für das gebogene Winzermesser, mit dem man nach der Blüte die Blätter schneidet und die Zweige stutzt, um so das Wachstum der Knospen zu erleichtern. Es gibt einen Dionysos der Zeit, die vor dem Schnitt liegt[116]; er entspricht dem Gott, der den Rebstock gedeihen (*Auxites*) oder die Blätter sprießen läßt (*Dasyllios*). Es gibt den

Dionysos »des kultivierten Rebstocks«, den *Hemerides*, der die wilden Triebe zurückschneidet, die störenden Partien beseitigt und mit Geschick aus einem wilden Gewächs eine Kulturpflanze macht.[117]

Wenn nun der Rebstock, längst entdeckt und endlich kultiviert, sich schließlich zu Wein wandelt, gilt es ein drittes Mal das Wilde in diesem Getränk zu zähmen, das ein Arzt im alten Griechenland »das Blut der Erde«[118] nannte. Geboren »aus einer wilden Mutter«, ist der Wein eine Substanz, in der sich Tod und Leben vielfach mischen, die wie Feuer brennt und doch den Durst löscht. Der Wein ist Heilmittel und zugleich Gift, ist eine Droge, durch die der Mensch über sich hinauswächst oder zum Tier wird, den Gipfel der Verzückung entdeckt oder in Bestialität verfällt, zum Kentauren wird, der sich in den Festsaal im Palaste des Peirithoos stürzt. Weine ähnlicher Sorte und Lage können dennoch gegensätzliche Wirkungen zeigen: Theophrasts *Geschichte der Pflanzen* enthält ein geradezu klassisch gewordenes Kapitel der Weinkunde.[119] Der Wein aus Heraia in Arkadien macht Frauen fruchtbar, während ein Trunk Ceryniaweines aus Achaia zu Frühgeburten führt, und zwar genügt schon eine einzige Traube. Troizener Wein macht impotent, ein anderer raubt den Schlaf, ein dritter, kaum gekostet, führt ins Delirium.[120] Doch erst die Mixtur aus verschiedenen Sorten, die unverdünnt bleibt, bringt die geheimnisvollen Kräfte des dunklen roten Saftes voll zur Wirkung. Überläßt man den gepreßten Traubensaft, den Most, sich selber, so tritt er schnell in den Prozeß der Gärung ein. Da der Zucker, der die Gärung möglich macht, sich in der Traube findet, bietet die Frucht des Rebstocks das Schauspiel eines Feuers, das sich in der Tiefe einer Flüssigkeit von selbst entzündet. In den Fässern »arbeitet« der Wein, sich selbst überlassen, an seiner eigenen Zubereitung. Seine natürliche Glut bewegt die Oberfläche heftig; die Flüssigkeit beginnt zu brodeln. Flüssiges Feuer, eingeschlossen in den Krügen, erzitternd bei dem Hauch der Winde, wie dem Zephyr, der die Stuten fruchtbar macht, empfindsam für die Bewegungen der großen Konstellationen hoch am Himmel.

Die feurig-flammende Natur des Weins läßt sich im Ritual der Libation wie in einem Experiment nachweisen: Gießt man Wein in eine Flamme, so lodert sie auf. Theophrast spricht davon in seiner Abhandlung *Über das Feuer*.[121] Bis zum Himmel steigt die Flamme, als Alexander auf seinem Marsch durch Thrakien den unverdünnten Wein auf den Altar des Dionysos rinnen läßt[122], eine Trankspende, angemessen den göttlichen Kräften, den Toten und dem Guten Genius (*agathós daímon*), der darin seine flammende Kraft enthüllt. Einen Pokal, gefüllt bis an den Rand, zu trinken, heißt – nach einem Stück des Aristophanes[123] – ein russisches Roulette zu spielen: Entweder folgt der Tod, als hätte man Stierblut getrunken[124], oder Inspiration: man weckt den Guten Genius in sich, spricht als Prophet, wird gar zum *Bakis*. Im Weine steckt der Donner und der Blitz; den Dithyrambus anzustimmen vermag nur der, den sie durchzucken konnten.

Auf Paros wurde Archilochos Zeuge davon und seither rollt Dionysos in seinen Adern – er ist *bakchíe*, die Trance hat ihn ergriffen.[125] Blut der Erde, Blut des Himmels; der Wein hat die Farbe des Bluts der Menschen und auch dieselbe Alchemie; denn, kaum vom Körper aufgenommen, verwandelt sich der Wein im Organismus in neues Blut. Und wird der unverdünnte Wein mit Opferblut vom Tiere oder Menschen gemischt, dient er der Besiegelung der fürchterlichsten Schwüre: So hielten es die ›Sieben gegen Theben‹ oder die Könige von Atlantis, bevor sie sich in ihre wunderschönen dunkelblauen Roben hüllten.[126]

Der Ungemischte Wein ist ein Gefährte des Dionysos – *Akratos* ist ein Vertrauter aus dem Thiasos. Im Tempel des Dionysos, der angrenzt an das Haus des Amphiktyon in Athen, ist seine Maske in die Mauer eingelassen.[127] Ungemischter Wein, im Angesicht des Deliriums, als Zeichen der Macht des Dionysos, jener Macht, die der Gast des Amphiktyon zu mäßigen einwilligt, indem er selbst erläutert, wie diese Flüssigkeit, berauschend wie sie ist, im guten Sinne zu verwenden sei. Wie kann man sie genießbar machen? Wie aus ihr ein Getränk herstellen, das belebt, nicht niederschmettert, das mit seinem Schäumen nicht Delirium bringt? Das hoheitliche Recht, den Wein zu bändigen, die Maske des *Akratos* zu zähmen, liegt bei Dionysos. Amphiktyon schaut zu, er beobachtet den Gott, der die zuträgliche Mischung in das große Mischgefäß, genannt Krater, füllt, das erste Festmahl feierlich gestaltet und festlegt, was beim Trinken nun als gute Sitte gelten soll. Von nun an – es ist Dionysos zu danken – bildet das Wort des Amphiktyon die Regel des Symposiums: Nachdem man zuerst fester Nahrung zugesprochen hat, wie Brot und Fleisch, wird jedem Gast ein Schlückchen ungemischten Weins zum Kosten dargeboten, dies geschieht auch, damit die Kraft, die *dýnamis*, des Wohlgesinnten Gotts zu spüren sei.[128] Von dem noch im Krater verbliebenen Wein, nun fachgerecht verdünnt und auch dosiert nach Zahl der Gäste, Ort und Jahreszeit, trinken die Zecher nach Belieben und bleiben doch »heil und gesund«. Der gleiche rituelle Ablauf bestimmt das Fest der Anthesterien, die älteste Feier zu Ehren des Dionysos. Zu Frühlingsanfang – zur Zeit der zweiten Fermentierung – werden die Krüge geöffnet. Ein jeder bringt sein Fäßchen zum Heiligtum des Dionysos ›in den Sümpfen‹ (*en límnais*). Dort spendet man vom jungen Wein und bittet Gott, daß »der Genuß des *pharmakon* ohne Gefahr und heilsam« sei.[129] Der Wein sei Medizin, nicht Gift noch Feuer, das verzehrt. Als Regel für die weiteren Zeremonien gilt einzig und allein: zu mischen.

Die Kraft des Weines

So steht Dionysos vor uns, als Gott, der die Kultur bringt. Ihm zu Ehren errichtet Amphiktyon einen Altar im Heiligtum der Jahreszeiten[130], der *Horai*, jener Kräfte, die mit reifen Früchten (*horaía*) in Beziehung stehen und sorgsam auf das richtige Verhältnis zwischen feucht und trocken achten.[131] Hier wird der neue Gott als ›Aufrechter‹ (*Orthós*) verehrt: Ein Dionysos des Senkrechten, Geraden, doch auch der Richtigkeit und Redlichkeit. Wie folgt, äußert sich ein athenischer Experte zu dem Thema: »Weil die Menschen den Wein wohlverdünnt trinken, brauchen sie nicht länger in gebückter Haltung einherzugehen, die ihnen der ungemischte Wein aufgezwungen hatte.«[132] Der Gast des Amphiktyon bringt der Menschheit den aufrechten Gang. Dies steht – gemäß der Überlieferung, die in Eleusis herrscht – parallel zum Eingreifen der Demeter: Sie soll den Menschen ihrerseits mit dem Geschenk der Gerste und der anderen Getreidearten die Kraft verliehen haben, sich schließlich aufzurichten, sich loszureißen von dem Gang und dem Betragen der »Tetrapoden«.[133]

Dionysos und Demeter entsprechen sich auf dem Gebiet der Nahrungsmittel auch noch in anderer Hinsicht. Bevor die Menschen das Getreide und das Brot entdeckten, waren sie auf Wurzeln, wilde Pflanzen und Wildfrüchte angewiesen, gezwungen, ihre Nahrung – so schwer verdaulich sie auch war – in rohem Zustand aufzunehmen. Sie waren also einer Diät, einem Ernährungsplan unterworfen, der »nicht ausgeglichen« (»intempe-rée«) war, wie der Verfasser von »L'Ancienne Médicine«[134] es nennt. Man ernährte sich von Lebensmitteln, die, wie der ungemischte Wein, nicht zubereitet, ákreta, waren. Sie brachten deshalb heftige Schmerzen, Krankheiten und häufig einen schnellen Tod mit sich. Der »wohltemperierte« Wein dagegen setzt den Beginn der »kultivierten« Lebensart, so wie die Nahrung aus gemahlenem Getreide, Demeters Gabe, den Weg wies, Felder anzulegen und sich in Dörfern anzusiedeln. Unter dem Schutz und Schirm der einen wie der andern Gottheit entwickelt sich dann eine Lebensart, die von der wohlbedachten Auswahl der Diät im selben Grad bestimmt wird wie von den Praktiken der Zubereitung und dem Wissen um die medizinische Wirkung.

Die Medizin steht der Kunst, den Wein zuzubereiten, ebenso nahe wie der natürlichen Weisheit im Umgang mit dem Weinstock und dem Weinbau. Im übrigen wissen wir aus den Schriften des Arztes Mnesitheos aus dem vierten Jahrhundert v. Chr. von einem pythischen Orakelspruch, der gewissen Leuten rät – ganz sicher den Athenern –, den Dionysos als »Spender der Gesundheit« (*Hygiates*) anzurufen.[135] Der Gott, der in der Stadt Athen thront, läuft nicht Gefahr einer Verwechslung mit dem Cousin in Theben. Als diplomierter Mediziner und Leiter des

Gesundheitsamts, ein Vorbild an Aufrichtigkeit und Redlichkeit, richtet sich der Dionysos Athens in den feinen Vierteln ein. Hier steht er in dem Ruf, ein weiser Gott zu sein, sorgfältig waltend über das, was nötig ist, und das, was Freude macht. Sein unaufhaltsamer Aufstieg hatte ihn aus den Vororten Attikas an die Spitze der politisch-religiösen Hierarchie gebracht. Am Fest der Anthesterien werden im Heiligtum des Dionysos ›in den Sümpfen‹, von der »Königin« (*Basilinna*) selbst, als der legitimen Gemahlin des obersten Beamten, des »Königs«, der »betraut mit allen Opfern ist, die mit der Tradition verbunden sind«, im Namen der Stadt Opfer und Zeremonien durchgeführt, die sie allein und unter strengster Geheimhaltung abhält.[136] Ihr Gefolge bilden vierzehn Priesterinnen im Dienst desselben Gottes, genannt die Alten (*Gerairai*) und ausgewählt vom »König« selbst: Sie legen feierlich den Schwur ab, frei zu sein von jeglicher Befleckung, vor allen Dingen aber, keinem Mann anzugehören; in gleicher Weise leisten sie auch das Versprechen, zu Ehren des Dionysos die *Theoinia* festlich abzuhalten, das Fest des Weingotts, und die *Iobakcheia*, an denen der rituelle Schrei der Anhänger des *Bakchos* gespenstisch widerhallt.

Die heiligste aller Kultstätten des Dionysos ist nur an einem Tag des Jahres zugänglich; Verborgenes und Öffentliches sind hier auf einzigartige Weise vermengt: Auf einer Stele in der Nähe des Altars sind »in halbvergangenen attischen Lettern« die Regeln des Zeremoniells zu lesen. Es ist ein Zeremoniell der hohen Politik, von wesentlichem Range für die Stadt und dem Gebot der öffentlichen Kundgebung unterworfen, welches für alle Heiligtümer galt. Hier aber, in diesem Bereich, der den Ersten *Bürgerinnen* von Athen in vollem Umfang vorbehalten blieb, steht es allein den mit dem Dienst am Gott betrauten Priesterinnen zu, ein Zeremoniell auszuführen und zu beobachten, das zu enthüllen ihnen strikt verboten ist.[137] Am festgesetzten Tag betritt die »Königin« das *Boukoleion*, die alte Königsresidenz nahe dem Prytaneion, um dem Dionysos dort zu begegnen, mit dem sie sich als die Vertreterin der Stadt vermählt.[138] Dies ist der Tag, an dem der Gast des Amphiktyon – umringt von seinen unbefleckten Priesterinnen – zur Würde eines Hohen Priesters des ehelichen Bundes und aller, die aus ihm entspringen, aufsteigt. Im dunklen Schatten des nur halbgeöffneten Heiligtums legt der »Spender der Gesundheit« die Maske seiner souveränen Herrschaft über Athen und die gesamte Weite seines Territoriums an, die zu erblicken keinem Mann gestattet ist.

Im Hinblick auf die Ehrungen, die man ihm zollt, steht der athenische Dionysos seinem Pendant auf der Kadmeia in nichts nach. Doch auf der Bahn, die er als epidemischer Gott durch Attika zieht, bietet Dionysos das noch nie gesehene Schauspiel einer Macht des Rebstocks und des ungemischten Weins, die sich der wilden Züge nach und nach entledigt, die jähe Wut vergißt und ihre tödliche Gewaltsamkeit zur Ruhe bringt. So weit geht er, der das berauschende Getränk erfand, daß er sich wandelt und zum Schutzpatron des stillen Lebens, der Gesundheit und des ehelichen Glückes wird. Was für ein großartiger Komödiant, wie er, den Kantharos in Händen, im Kreis der Bürger und Rentiers der Agora in kleinen Schlucken am gut gemischten Weine nippt. Ging er, um seine Verwandlung besser zu besiegeln, nicht auch so weit, seine Mänaden und ihr Treiben auf den Parnaß zu verbannen und ihre Rolle nun allein den *Thyiaden* zu übertragen, jenem Ensemble von ausgewählten Bacchantinnen, das jedes zweite Jahr nach Delphi zu den Schwestern ausgesandt wurde?[139]

Doch reißen wir uns los von der Vorstellung, das Wesen des Dionysos sei in seiner athenischen Version zu fassen, eingepfercht und ganz verloren in einem Nest voller kleinbürgerlicher Wassertrinker. Im Gegenteil, die einzige Bühne, groß genug für seine Sprünge, ist das mit Inseln übersäte Meer und Hellas' Erde mit ihren tausend Buchten. Ganz Griechenland dient ihm als Tanzboden. Der epiphane Gott des fermentierten Tranks ist beim Bankett des Amphiktyon nicht eingeschlafen. Auf einen Kantharos verdünnten Weins kommen zehn Brunnen puren Weines, die ihn begleiten. In einer Reihe von Kultlandschaften wählt die Parousie des Dionysos die Maske kraftvollen Weines, des kochend-schäumenden Getränks, des Weins, der dem Vulkane gleicht.

An seinem Festtag, dem im Kalender festgelegten Tag der Ankunft an den Altären und in seinen Tempeln, geschieht es häufig, daß Dionysos in Tagesfrist den Weinstock wachsen läßt, den Wein vollkommen fertig aus der nackten Erde springen macht oder die betörende Flüssigkeit in den hermetisch abgeschlossenen Fässern zum Sieden bringt. Dann bringt der Gott mit seinem Kommen die ordentliche Abfolge der Jahreszeiten durcheinander und stört den schrittweisen technischen Ablauf beim Weinbau und bei der Herstellung des Weins. Auf diesem Feld zeigt er sich gern in zweierlei Manier. Werfen wir zuerst einen Blick auf seine Rebstöcke, die man die ›ephemeren‹ nennt.

Auf Euböa, auf dem Parnaß und in Aigai taucht solch ein wundersamer Rebstock auf; man kann ihm beim Wachsen zusehen: Blätter trägt er am Morgen, am Mittag ist die Traube prall gefüllt und abends der Wein bereits gekeltert.[140] Ein ganzes Jahr verstreicht an einem Tag; aus wilder Wurzel aufgewachsen breitet der Weinbau sich in der Wildnis aus, er überzieht die Hänge des Parnaß und durchzieht betörend duftend die Felsenhöhle von Euböa. In Aigai entfalten sich die Ranken und bedecken sich mit Reben gerade zu dem Zeitpunkt, da sich die Frauen im Reigen drehen und wie jedes Jahr die feierlichen Bräuche des Dionysos begehen. Der unverdünnte Wein dieses Tages sprudelt zur gleichen Zeit hervor wie der wild bewegte Tanz der Mänaden, der Reigen der verheirateten Frauen, die eingeweiht sind in die Riten des Dionysos (*mystídes*).[141]

Es folgt die zweite Form, die für Dionysos' Erscheinen zur Verfügung steht: die Quelle und die Brunnen, aus denen Wein anstatt des Wassers aufschießt. Zum Beispiel Teos, die Heimat des Anakreon, die Stadt, deren Begründer den Namen des Dionysos trägt. Hier soll Dionysos sogar geboren sein. Dafür gilt die Quelle duftenden Weins, die an bestimmten Tagen in der Stadt ganz ohne jedes Zutun sprudelt, den Einheimischen als selbstverständlicher Beweis.[142] Dem gleichen Phänomen begegnen wir auf den Kykladen, nämlich auf Andros; denn dort verwandelt sich das Heiligtum des Dionysos in eine Weinfontäne an dem Tag, der als »Gabe der Gottheit« bezeichnet wird, Theodosia: Der Gott entströmt dem Innern seines Tempels auf verschwenderischen Wogen duftenden Weines. Doch wird der Wein zu Wasser, sobald man ihn von seiner Quelle fortschafft.[143] An Ort und Stelle heißt es ihn zu trinken, mit seiner Blume der Epiphanie.

Diese Weinwunder darf man nicht vage im Reich des Wunderbaren lassen oder als fromme Mär betrachten, mit der Dionysos gar nichts zu schaffen hat[144]; man sollte sie vielmehr in ihrer Landschaft sehen, sie einzuordnen suchen in das Feld neuer Epiphanien und anderer Manifestationen dieses Gotts, die ebenso gewaltig hervorbrechen können wie im Palast zu Theben, selbst wenn die Ferne des Raums sie auch fern an den Rand unseres Bewußtseins rücken mag. Dionysos lädt ein zu einer Reise ins Exotische, und diesmal in die ozeanischen Gefilde, dort wo der Westen seine Grenzen hat. Ein Umweg, der geradewegs hineinführt in die Einzigartigkeit seiner Macht, seiner Wesensart und seiner Handlungsweise.

Die Insel der Frauen

In Gallien war es, wo Strabon, der Geograph zu Zeiten des Augustus, einen recht ungewöhnlichen Dionysos entdeckte, der schon die Aufmerksamkeit des Philosophen und Ethnographen Poseidonios von Apameia auf sich gezogen hatte.[145] Wir sind im Keltenland jenseits der Alpen, dem transalpinen Gallien der Römer, und Strabon erinnert, bevor er sich nach Thule einschifft, in groben Zügen an die charakteristischen Merkmale der Gallier: die langen Haare, weiten Hosen, die Art, auf Stroh zu schlafen und zu essen, und das Eingesalzene, das schon weit durch den Export berühmt war. Kurzum, es ist der Typ der hochgewachsenen Barbaren, der dem Betrachter – in diesem Falle Strabon – das gewöhnliche Bild der Umkehrung von Tätigkeiten bietet, die Männern und Frauen zugeordnet waren. Auch andere, nicht weniger faszinierende Gebräuche gab es da, wie jenen, den Poseidonios bereits beschrieb – und auf den ersten Blick abstoßend fand –, nämlich die Köpfe der Besiegten einzusammeln und an den Hälsen ihrer Pferde aufzuhängen. Oder jener, nach dem der weise Druide die letzten Zuckungen der Menschen aufmerksam studiert, die mittels eines Schwertstreichs in den Rücken geopfert worden waren, um daraus exakte Schlüsse auf das Kommende zu ziehen.[146] Unmittelbar darauf bringt Strabon, der anscheinend noch weiter in den ethnographischen Notizen desselben weitgereisten Philosophen blättert, einen Bericht über das seltsame Gebaren eines Dionysos, der hier sein Wesen treibt.

»Im Ozean, sagt er [scil. Poseidonios], liegt eine kleine Insel, nicht weit vor der Mündung des Leigeros-Flusses [Loire]. Diese bewohnen die Frauen der ›Namneten‹; sie sind von Dionysos besessen und stimmen den Gott durch geheime Riten und andere religiöse Zeremonien gnädig. Nie betritt ein Mann die Insel, die Frauen aber setzen auf das Festland über, um ihren Männern beizuwohnen, und kehren dann wieder zurück. Es gibt da den Brauch, einmal im Jahr das Dach des Heiligtums abzudecken und am selben Tage noch vor Sonnenuntergang wieder einzudecken. Jede Frau hat dabei eine Ladung (*phortíon*) herbeizuschaffen. Die Frau aber, der die Ladung entfällt, wird von den anderen Frauen in Stücke gerissen; die Teile werden unter Jubelrufen um das Heiligtum herumgetragen. Sie hören nicht damit auf, bevor ihr Wahnsinn (*lýtte*) ein Ende nimmt. Immer aber geschieht es, daß die eine oder die andere dieses Schicksal erleiden muß.«

Ein ganz neues Dach

Dieser ungewöhnliche Dionysos – zu hellenisch, um als ›keltisch‹ eingestuft zu werden – verwirrt die Geographen ebenso wie die Historiker. Was soll man über die »Namnetai« denken, ein Name, der womöglich im Namen der Stadt Nantes noch weiterlebt?[147] Handelt es sich um die Insel Batz oder um Dumet in der Flußmündung der Vilaine, etwa zehn Kilometer weit entfernt im Meer, oder doch eher, trotz der Entfernung, um Belle-Isle-en-Mer?[148] Die befremdlichen Praktiken des Gottes gestatten es zumindest, ihn auf der Landkarte des Griechisch-Dionysischen mit einiger Gewißheit zu lokalisieren.

Wir haben es also mit einem Dionysos zwischen Land und Meer zu tun – ein Inselgott, der offensichtlich ohne Konkurrenz auf seinem Eiland ist. Um ihn hat sich ein Kreis von Damen aus Nantes geschart, die seinem Dienst gewidmet sind. Und nur dem seinen; denn keinem Mann ist es erlaubt, die Insel zu betreten oder gar auf ihr zu wohnen. So scheint sie gänzlich einem

Gott geweiht, der Männern noch mehr als den Menschen feindlich ist.[149] Dieser Dionysos, so unversöhnlich und so sittenstreng er ist, erweist sich wahrlich als ein trefflicher Verwalter; denn er gestattet seinen Frauen, von denen er durch ihren Wahn Besitz ergreift, den ehelichen Pflichten regelmäßig nachzukommen – zu Hause selbstverständlich, auf dem Festland. Von diesem Zugeständnis abgesehen, sind die besessenen Frauen vollauf damit beschäftigt, Dionysos zu dienen und ihren Gott durch immer neue feierliche Riten versöhnlich zu stimmen.

Wir beoachten einen ersten außergewöhnlichen Zug: Eine absolute und ständige Hingabe; einen Dionysos umgeben von Frauen, die von ihm ihr Leben lang besessen sind. Ein zweiter Zug an diesem mürrischen, ja launischen Gott inmitten seiner Nonnen, ist eine seltsame Forderung: Einmal im Jahr muß das Dach seines Heiligtums erneuert werden. Der Herr des Hauses wünscht eine neue Eindeckung. Dionysos trifft die Entscheidung, die Bedachung seines Heiligtums zu wechseln, und es ist ihm durchaus nicht gleichgültig, wie dies geschieht. Ein einziger Tag nur steht den Frauen zur Verfügung, um das alte Dach abzutragen und das neue aufzustellen. Noch vor Sonnenuntergang will er sein nagelneues Dach. Ohne auch nur einen Augenblick zu verlieren, macht eine jede sich an ihre Arbeit. Und jedes Jahr ereignet sich dabei unweigerlich ein recht überraschender Zwischenfall. Im Laufe dieses Unternehmens ist unter den Damen immer eine, die ihre Bürde fahren läßt und hinfällt. Ein Unfall, der ganz harmlos wäre, stürzten sich nicht urplötzlich sämtliche von Dionysos besessenen Frauen, als hätten sie das ganze Jahr einzig auf diese Gelegenheit gewartet, auf die Unglückliche, die Gestrauchelte, um sie zu zerfetzen, ihr die Glieder auszureißen und sie dann mit lautem *Ehoe*-Geschrei rund um das Heiligtum zu tragen – bis schließlich dieser Wahnsinn, die *lyssa*, ein Ende hat und abbricht, und zwar auf ebenso geheimnisvolle Weise, wie er begann.

Wie kommt es, daß die guten Schwestern des Dionysos sich zu Mänaden wandeln, so rasend wie die Minyaden und so blutrünstig wie Pentheus' Mutter? Warum vertauscht Dionysos am

Tag des »Neuen Dachs« die Rolle eines kauzigen Rentiers mit der des *Bakcheus*, des großen Gotts, der rasend macht, und das ganz ohne Mitleid? Zwei Einzelheiten des Berichts geben dem Fragenden sofort zu denken: Zum einen gibt es da ein Dach, das abgedeckt und noch am selben Tage neu gedeckt sein muß; zum andern ist es der Sturz von einem Körper, der die Trance provoziert und den Wahn entfesselt. Daß eines schönen Morgens ein Gott beschließt, das Dach auf seinem Heiligtum sei abzutragen und wieder neu zu decken, ist sicher nichts Gewöhnliches; vor allem, wenn derselbe Gott darauf besteht, daß dieses Werk im strikt bemessenen Zeitraum eines Tages getan sein muß, und zwar zwischen dem Aufgang und dem Untergang der Sonne. Eine verrückte Idee? Eine Ausgeburt der Phantasie? Es wird noch weitaus wunderlicher, wenn dies bei einem Gott geschieht, der keine allzu große Lust am Bauen und am Beruf des Architekten zu zeigen scheint.

Bekanntlich zieht Dionysos bescheidene Wohnungen den aufwendigen Tempeln vor. Der Architekt unter den Göttern des Pantheon ist zweifellos Apoll: Im zarten Alter von kaum vier Jahren baut dieser Bruder des Dionysos Altäre, errichtet Mauern und plant seine Tempel selbst – ein Bauherr fleißig wie ein Biber.[150] In Delphi, und in Delos ebenso, richtet Apollon seine Bezirke ein und gestaltet sein Gelände; er ist der Gott, der große Städte gründet, der engagierte Förderer der Kolonien. Die Hymnen, die an ihn gerichtet sind, sind voll vom Ruhme seiner Taten. Man hört von großen schönen Fundamenten, von Mauern, sorgfältig geschichtet, von breiten Schwellen an den Toren seiner Tempel, doch ebenso von Balkenwerk und imposanten Dächern, von mächtigen Bedachungen für seine Heiligtümer.[151] Gleich zu Beginn der *Ilias* erinnert ihn sein Priester Chryses, gekränkt in seiner Würde durch die Griechen, daran, daß zu den Wohltaten, die er in seinem Amt als Priester ihm erwiesen habe, auch gehöre, daß er die Wohnstatt des Rattengotts in der Troas, des *Smintheus*,[152] eingedeckt, mit einem neuen Dach versehen habe. Verglichen mit Apollo ist Dionysos eher ein Gott, der mehr in Gartenlauben, wenn nicht gar in Höhlen haust.[153] Man sieht ihn in der Tat von einem möblierten Zimmer in das andere ziehen, vom schlichten Häuschen in ein bescheidenes Heiligtum.[154] Behelfsmäßige Unterkünfte erfreuen ihn in ganz besonderer Weise – die Höhle etwa, die man für in an den Pythischen Spielen im Heiligtum Apollons baut.[155] Ganz ohne Zweifel erhält Dionysos seit dem vierten Jahrhundert v. Chr. auch seinerseits großartige und wohlgebaute Tempel, doch die Art der Unterbringung, die er bevorzugt, entspricht genau der Wohnung, die ein Arzt von Thasos ihm wenig später offeriert: »Ein Tempel mit offenem Dach, ein hypaithraler Tempel (*náos*) mit einem Altar und einer weinumrankten Laube; eine schöne immergrüne Grotte; und für die Eingeweihten ein Platz, wo sie ihr *Ehoe* erschallen lassen können.«[156] Diesem Gott, der es so liebt umherzuschweifen, nimmt man sein Architekturbüro nur schwerlich ab.

Straucheln lassen

Bleibt noch die Frage nach dem zweiten Detail im Zeremoniell der Insel: daß nämlich eine Frau mit ihrer Last zu Boden fällt – und dann auf einen Schlag sich das Szenario so völlig ändert. Nichts ist gewöhnlicher im Leben von Zweifüßlern als ein Sturz, es sei denn, er vollzieht sich im Umkreis des Dionysos. Und in der Tat legt eine Reihe von Anzeichen die Vermutung nahe, der Fuß oder das Bein stellten im Zusammenhang mit Dionysos wesentliche Körperteile dar. Beginnen wir mit der Bacchantin des Euripides, dem Muster des Glücks. Mit ihren *Ehoe*-Rufen überschüttet sie den Gott des *Ehoe* und sprengt davon »fröhlich, so wie ein Füllen zur Seite der nährenden Mutter, im Sprunge das Bein hochschwingt, das behende.«[157] Gleichermaßen kehrt Agaue, die tragische Mänade, im «bakchischen Schritt« vom Kithairon zurück, trunken von mörderischer Raserei, die ihr Dionysos eingeflößt hat: In der Hand die blutige Maske des Pentheus…[158] Diese Bewegung des Beins im bacchischen Schritt, wobei der Fuß schnell nach vorne geschleudert wird, ist die Position, die in Athen um 500 v.Chr. von Pratinas einstudiert wird, dem Tanzmeister der Satyrchöre. Er macht seine Kunst, die er durch lärmende Neuerer bedroht sieht, zu einer Hommage an Dionysos: »Fürst, mit Efeu bekränzt, sieh die Bewegung des rechten Fußes, sein Vorschleudern!«[159] Die gleiche Haltung soll Pentheus einnehmen, über dessen Einkleidung der Gott in der Maske des Fremden vor dem Palast des Kadmos wacht; er zeigt ihm, wie ein Bacchant den rechten Fuß zu heben hat zusammen mit dem Thyrsos in der rechten Hand.[160] So beginnt also die dionysische Gestik. Mehr als einmal wird der Fuß des Dionysos genannt, wenn man den Gott ruft. Der »Retterfuß« des Dionysos ist es, dessen Kommen in der *Antigone* angesichts all dieser Befleckungen so dringend erbeten wird.[161] Und dann ist Dionysos nun ganz einfach der Gott, der springt, der hüpft (*pedán*) im Scheine der Fackeln auf den delphischen Felsen.[162] Wie ein junges Zicklein macht der Gott des nachts inmitten seiner Bacchantinnen seine Bockssprünge.

Dionysos im Sprung: »der Fuß« (*pous*) und das Verb »springen« (*pedán*) haben im Griechischen dieselbe Wurzel, ebenso wie die Form »hinwegspringen« (*ekpedán*), ein Wort, das als spezifischer Begriff bei der Beschreibung der dionysischen Trance dient:[163] Es deutet den Moment an, an dem der Drang zu springen den Körper erfaßt, ihn sich selbst entreißt und unwiderstehlich fortzieht. Der Musikwissenschaftler Aristoxenus aus Tarent hat einen geradezu klinischen Bericht davon hinterlassen. Der Ort des Geschehens ist Süditalien, die Gegend zwischen Reggio und Lokri. Frauen gerieten außer sich: *ekstáseis*. Als sie beim Essen saßen, glaubten sie, eine Stimme zu hören, einen aus der Ferne erschallenden Ruf. Da sprangen sie auf (*ekpedán*) niemand hätte sie zurückhalten können – und begannen, weit aus der Stadt zu rennen.[164] Ein epidemisches Übel, das auf den Rat des Apollon mit Paianen, Reinigungs- und Frühlingsgesängen, in einer Kur von sechzig Tagen zu behandeln war.[165] Für die Entwicklung der Musik folgte daraus eine Blütezeit für Komponisten von Paianen.

Aber es kann keinen Zweifel daran geben: die dionysische

Trance setzt beim Fuß an, und zwar mit dem Springen, der ersten Aufgabe des Fußes im dionysischen Bereich. Der zweite, nicht weniger auf Bewegung bezogene Aspekt, steckt in einem Spiel, das allen vertraut war, die an den Festen des Dionysos, genauer gesagt, an den Ländlichen Dionysien teilnahmen. Gemeint ist das Hüpfen auf einem Bein. Das ist der *askolias-mós*[166], der nach der alten Bedeutung des Wortes den Androgynen droht, die der Philosoph Platon in seinem *Symposion* vorstellt. Diese schwerfälligen Geschöpfe mit vier Armen und vier Beinen begannen die Götter mittendurch in Hälften zu teilen, um sie Zucht und Ordnung zu lehren. Würden sie jedoch weiterhin bei ihrem anmaßenden Verhalten bleiben, so sollten sie noch einmal entzwei geschnitten werden, um von nun an auf einem einzigen Bein fortkommen zu müssen (*askoliázein*).[167] Sie sollten sich also hüpfend fortbewegen anstatt aufrecht auf zwei Beinen zu gehen.

Unmerklich verlor sich im Zuge eines allmählichen semantischen Wandels die ursprüngliche Bedeutung »das erhobene Bein« (*aná-skélos*) in der Bezeichnung für das dionysische Spiel, und zwar im selben Maß, wie sich die fälschliche Ableitung vom Wort »Schlauch« (*askós*) im Sinne von »Weinschlauch« verstärkte. Das ließ schließlich auch das Hüpfen auf einem Bein in Vergessenheit geraten; an seiner Stelle setzte sich ausschließlich das Spiel mit dem aufgeblähten und schlüpfrigen Weinschlauch durch. Es ist aber nicht auszuschließen, daß noch im Rahmen einer falschen Etymologie der Hüpfschritt, zu dem man die fröhlichen Zecher anregte, sehr bald eine kompliziertere Form annahm: wenn man sie nämlich aufforderte, auf dem listig eingefetteten Weinschlauch auf einem Bein zu hüpfen. Zum großen Gaudium derer, die festen Boden unter ihren Füßen behielten, mußten die Mitspieler auf dem Schlauch springen (*pedán*), um ihr ohnehin schon stark in Mitleidenschaft gezogenes Gleichgewicht unter Beweis zu stellen, wie uns Didymos Chalkenteros, der Philologe »mit den Eingeweiden aus Erz« überliefert.[168] Man kann sich wohl vorstellen, daß eine solche Hommage einem Gott, dem einige das Verdienst zuschreiben, der menschlichen Spezies den aufrechten Gang gebracht zu haben, direkt ans Herz gehen mußte. Hatten sich die Menschen nicht taumelnd fortbewegt, gebeugt sogar durch die unwiderstehliche Macht des unverdünnten Weins, ehe man sie lehrte, den Wein zu mischen?[169] So hüpft man auf einem Bein, um den *Orthós*, den Gott des Aufrechten, zu ehren, den Meister der gekonnten Weinmischung. Diese Entdeckung war so entscheidend für Dionysos, daß einige, so etwa die Theologen beim Gelage des Athenaios, in ihrer Unterhaltung von Dionysos zum Getränk überwechseln, das selbst die Gottheit sei, und beteuern, der Gott des Weines sei in der Tat *orthós*, »korrekt und aufrecht haltend«, wenn er im richtigen Verhältnis verschnitten und gemischt sei.[170] Dionysos verursacht dann kein Schwanken mehr; nicht er ist es, der fallen macht.

Ein Dionysos des Gleichgewichts steht einem Gott des Schwankens gegenüber. Damit ist der dritte Aspekt der Macht, die von der Küste des Atlantik angerufen wird, jene Macht, die auf die Beine wirkt. Diesmal erscheint Dionysos in Delphi. Dort besitzt er im Heiligtum Apollons eine Kultenklave: Ein kleines Heiligtum, das für den Gott bestimmt ist, »der straucheln macht«, für Dionysos Sphaleotas.[171] Der fremdartige Kult wird von Pausanias recht beiläufig angedeutet, wenn er die Geschichte von der Maske erzählt, die sich auf offener See in den Netzen eines Fischers aus Lesbos fand.[172] Es ist eben ein Dionysos, »der straucheln läßt«, ein *Sphalen* oder *Sphaleotas*, dem Agamemnon »zutiefst im Innern« des Apollontempels opfert; der Gott findet sich verwickelt in das Vorspiel zum Krieg gegen Troia und zugleich in die Frühgeschichte der Könige von Pergamon, nämlich in die Heldentaten des Telephos, des Herrschers über Mysien.[173] So lautet wenigstens der Adelsbrief, den im ersten Jahrhundert v.Chr. ein Priesterpaar, das ihm an seiner pythischen Kapelle diente, in Stein eingravieren ließ.

Die Geschichte ist alt. Sie beginnt mit dem Mißgeschick bei der ersten Landung. Die Seher künden in Aulis vom Sieg, die Griechen schiffen sich ein, die Flotte sticht in See; mitten in der Nacht erreicht die große *Armada* Mysien im Süden der Troas, doch ist man davon überzeugt, vor Troja gelandet zu sein. Es ist eine Nacht allgemeiner Verwirrung. Der König der Mysier macht sich, aus dem Schlaf geschreckt, daran, die Verteidigung der Küste zu organisieren; Achill verwundet Telephos, den Ahnherrn der Attaliden, die so wahrscheinlich mit der Verehrung eines Gottes des »falschen Tritts« in Verbindung kamen. Tatsächlich schleicht sich Dionysos heran, als die beiden Helden aufeinanderstoßen. Der Gott ist erbost wegen der kargen Ehrungen, die Mysien für ihn bereithält. Sein Eingreifen zeigt sich im Sturz des Telephos: Der Gegner des Achill verfängt sich mit dem Fuß in der Wurzel des Weinstocks.[174] Er fällt einem Gott zum Opfer, der bereits durch Lykophron sehr einleuchtend als Gott, »der zu Fall bringt« (*Sphaltès*)[175], charakterisiert worden ist. In jener Nacht läßt Dionysos zwischen den Füßen des Telephos einen rebentreibenden Strauch wachsen, mit allen Blättern und Ranken, einen Weinstock also, der plötzlich wie von selbst emporschießt (*ex automátou*) und den König der Mysier str80 strauchen läßt (*sphállein*).[176] Am Fuß des Rebstocks verfängt sich der Fuß des Königs, und siehe da: aus dem Schatten heraus tritt Dionysos, der Beinsteller (*hyposkelízein*). Dies scheint eine Variante jenes ersten Hinterhalts im delphischen Heiligtum zu sein, eine Variante jedoch, die ausdrücklich vom Gott des Weines für sich beansprucht wird, wenn dieser seinen Rat denen zuteil werden läßt, die ihn lieben, seinen Gefährten beim Trinkgelage nämlich. So steht es in einer Komödie des Eubulos aus dem vierten Jahrhundert v. Chr., die den Titel *Dionysos oder Semele* trägt:

»Für vernünftige Leute bereite ich nur drei Mischkrüge vor: einen für die Gesundheit (*hygíeia*), den sie als ersten austrinken; den zweiten für die Liebe und das Vergnügen, und den dritten für den Schlaf. Wenn der geleert ist, gehen die Leute, die man weise nennt, nach Hause. Der vierte Mischkrug gehört nicht mehr zu mir, sondern zur Maßlosigkeit. Der fünfte ist voll von Schreien; der sechste läßt schwärmen und grölen; der siebente bringt blaugeschlagene Augen; der achte ruft den Gerichtsdiener; der neunte ist voll Zorn und Ekel. Der zehnte führt zum Wahnsinn (*manía*) und läßt strauchen (*sphállein*). Denn füllt man ihn in ein kleines Gefäß, so schlägt er dem, der es leert, leicht die Beine weg und wirft ihn zu Boden (*hyposkelízein*).«[177] Dionysos *Orthós*, der aufrechte und würdevolle, zieht sich beim vierten Krater zurück. Bricht der hartnäckige Trinker schließlich unter seiner Liege zusammen, so trägt die Schuld daran die *manía*. Zuständig ist jetzt Dionysos mit dem passenden Namen *Sphaleotas*.

Sprudeln und Springen

Vom begeisterten Springen zum böswilligen Beinstellen führt uns Dionysos auf eigenen Wegen in sein Inselreich zurück, geradewegs in die Szene hinein, in der die Frauen just zu dem Zeitpunkt von Raserei gepackt werden, da eine von ihnen ihre Last hat fallen lassen und zu Boden sinkt. Der Fuß der einen hat sich in einem Hindernis verfangen, die Beine der anderen beginnen plötzlich zu tanzen. Der Gott als »Dachdecker« erweist sich auf einmal als der »Stolperer«, der Meister des Beinstellens, und als die Macht, die springen läßt – der Gott, der seine Frauen in die Trance jagt, sie unbarmherzig in den mörderischen Wahnsinn schleudert. An das Versagen des Fußes der einen schließt sich bruchlos das wütende Springen der anderen an, das *ekpedán*, das die geschäftige Schar schüttelt. Das Sprudeln des Wahns bricht plötzlich hervor. Wenn es auch gute Gründe gibt zu unterstellen, der aufgeweckte Gott lauere an jenem Tage nur auf den ersten Fehltritt, sofern er ihn nicht sogar sachte vorbereitet, so bleibt doch die Frage, weshalb Dionysos seinen Damen aus Nantes predigt, das Dach sei abzudecken und wieder einzudecken. Vielleicht ist es nun erlaubt, eine Antwort vorzuschlagen, die ein scharfsinniger Leser womöglich schon gefunden hat.

Da ist zunächst, als weitere bemerkenswerte Einzelheit, die festgesetzte, strikt gebotene Frist: vom Aufgang bis zum Niedergang der Sonne. Ein einziger Tag: die Zeit des ›Ephemera‹, wie es im archaischen Griechenland heißt; verdichtete, auf engen Raum gedrängte Zeit, die Spanne zwischen Tag und Abend, wählt Dionysos für seine Epiphanien des Weinstocks und des Weines. Es ist das kurze Dämmerlicht, wenn die bedächtigen Bewegungen der Arbeit und des Tages ausklingen, die geduldige Bearbeitung des Weines ein Ende hat. Doch ist nicht dieser Gott, der nach getaner Arbeit ein neues Dach fordert – sieht man jedoch genauer hin, spricht er vom Abbauen, um wieder aufzubauen – nicht auch der Gott, der sich in den *Bakchen* rühmt, die wahnerfüllten Frauen Thebens aus der Stadt getrieben und von ihnen verlangt zu haben, weit entfernt von ihren Häusern unter grünen Tannen im Felsengebirge ohne Dach über dem Kopf zu leben (*anórophoi*)?[178] Und ist es nicht wiederum Dionysos, der es genießt, in einer schönen »hypaithralen« Anlage zu wohnen, in jenem Heiligtum unter freiem Himmel, das ihm in Thasos von einem generösen Arzt gestiftet wurde?[179] Dionysos ist es auch, der unter dem Sternenhimmel in seinem Rundtempel auf einem Hügel in Thrakien ausruht.[180]

Hat man den Brauch vor Augen, der auf der Insel herrscht, ein Dach zu demontieren, wie kann man sich da nicht entsinnen, daß Dionysos in Theben und Orchomenos als Gott auftritt, der Dächer in so munterer Weise tanzen läßt? Die Töchter des Minyas, die fest im Haus des Vaters eingeschlossen sind, sehen das Dach der väterlichen Wohnstatt sich in Bewegung setzen[181]; vor den entsetzten Augen des Pentheus beginnt das stützende Gebälk im kadmischen Palast zu zittern, es schaukelt hin und her.[182] Und was das Dach Lykurgs betrifft in den *Edonen* des Aeschylus, so ist es dies zuerst, das »den Bacchanten spielt«, während der königliche Palast im wahrsten Sinne des Wortes »von Begeisterung (*enthousiái*) emporgehoben« wird, bevor er mit lautem Getöse in sich zusammenstürzt.[183] All diese Eingriffe des Gottes scheinen Grund zu bieten, in das Talent des Architekten Dionysos nur ein begrenztes Vertrauen zu setzen. Im übrigen sind diese Geschichten hervorragende Indizien dafür, daß der klösterliche und schlecht gelaunte Gott einmal im Jahr, anläßlich eines Jahrestags vielleicht, die Decke seines Inselheiligtums zum Hüpfen bringt. Für ein paar Stunden wird er dann, mit Hilfe seines aus der Lethargie gerissenen Thiasos, wieder zum Gott, der seine Getreuen straucheln, springen, sich schwindelnd im Kreise drehen läßt, wenn er sie mit sich um sein Heiligtum herumreißt, in einer verwandelten Gestalt, einer Maske, die furcherregend ist und ganz in ihren Bann zieht. Wieder ist Dionysos der Gott der Frauen, die verwirrt und rasend sind; sie halten nun aber nicht mehr das Material für eine ephemere Bastelei in Händen, sondern die zuckenden Glieder einer Frau, zerstückelt vor den Augen dieses fürchterlichen Gottes, der einen Körper in Stücke zerreißen läßt, wenn die Gelegenheit sich bietet. Unwiderstehlich günstig scheint die Gelegenheit dann, wenn durch das Dach ein Stück des freien Himmels blinkt.

Gewiß, eine ungewöhnliche Parousie, wenn auch anderen Schandflecken vergleichbar, verursacht eher durch Spritzer puren Weins als menschlichen Bluts. Doch das Ungewöhnliche im Verein mit Anmaßung und Hochmut kennzeichnet ja gerade das wahre Wesen des Gottes und seiner Epiphanien. In geschickt gewählten Worten berichtet die Geschichte des Dionysos auf der Insel in subtiler Eindringlichkeit von der Gewalttätigkeit eines Gottes, der es versteht, dem Anschein nach das ganze Jahr über ein anderer zu sein, und der nur an einem einzigen Tag ausschließlich er selbst ist.[184] All jene, die schon vergessen hatten, wer er sei, erinnert er mit aller Deutlichkeit daran, daß er der Fremde ist, der aus dem Innern kommt, der Gott, der über jeden Blut und Feuer bringen kann, ganz so wie es ihm gefällt.

Ein Irrtum ist da ausgeschlossen. Der Dionysos des ephemeren Weins hat sich in keiner Weise in die Orgie eines ungebändigten und ungeselligen Gottes verirrt. Zwischen dem einen und dem anderen wird die Homologie mit aller semantischen Schärfe hergestellt. Tatsächlich wird ein und dasselbe Wort benutzt, um in der Welt des Dionysischen das Sprudeln des Weines und auch das Springen der Mänaden zu bezeichnen. In den *Bakchen* »springt« (*ekpedán*) aus dem Felsen, den der Thyrsosstab getroffen hat, das reine Wasser einer Quelle, so wie der Wein gerade an der Stelle fließt, auf die eine Bacchantin ihren Stab gepflanzt hat.[185] In gleicher Weise »springt« (*ekpedán*) die von Dionysos getroffene Frau, ob sie sich nun in ihrem Heim befindet, auf dem Kithairon weilt unter Eichen und Tannen, oder zum monotonen Dienst in einem Heiligtum verpflichtet ist.

Mehr noch, die Gleichwertigkeit der beiden typischen Ausdrucksformen der dionysischen Parousien findet eine weitere Bestätigung in dem Plötzlichen und Spontanen, dem *autómaton*, dem ›Vonselbstgeschehen‹, das beiden Bereichen eigen ist und einen weiteren festen Begriff in der dionysischen Epiphanie darstellt. Die Fesseln, die die Bacchantinnen tragen, fallen »wie von selbst«[186] ab; die Weinrebe zu Füßen des Telephos wächst »in einem Augenblick«[187] in Teos oder im Heiligtum auf Andros sprudelt die Weinquelle »plötzlich, wie von selbst«.[188] Auf der Insel im Atlantik benutzt das Rasen die Form des *autómaton*, auch wenn das Wort nicht ausdrücklich gebraucht wird. Dionysos sieht sich als souveräner Meister des Spontanen und Plötzlichen; er erscheint in der Naturgewalt des Hervorbrechens. Als Fürst des Unvermittelten ist er selbst unter diesem Aspekt eine Art Fetisch, verehrt von denen, die das Land bestellen. Ein elementarer Dionysos, dessen Präsenz man in einem einfachen Schößling zu spüren glaubt, einem Ableger, der in den Boden gesteckt wird und von ganz allein, auf geheimnisvolle Weise, zu wachsen beginnt.[189] Das ist das bäuerliche Bild eines Dionysos *autophyés*, einer autonomen Kraft, deren Naturgewalt plötzlich hereinbricht und unverständlich bleibt, sich gegen jede Einordnung sperrt.

Springen und Sprudeln: Wie sehr diese beiden Phänomene als Einheit zu sehen sind, bestätigt sich erneut im Ritual einiger Dionysosfeste. Betrachten wird zunächst die alljährlichen Zeremonien in Aigai, die von den verheirateten, in den Ritus des Gottes eingeweihten Frauen (*mystídes*) gefeiert werden: Die Mänaden lassen sich vom Tanz fortreißen, während der neue Weinstock sich mit reifen Früchten belädt und mit der scheidenden Sonne den reinen Wein hervorbringt.[190] In Olympia jedoch, im Land der Eleer, vereinigen sich die Zwillingsbegriffe, das Springen und das Sprudeln, am harmonischsten. Das Fest trägt den Namen Thyia – sprudelndes Kochen –, und Dionysos ist der Protagonist in beiden Teilen des Zeremoniells.[191] Nach einer, keineswegs unangefochtenen Version der Überlieferung, soll Elis die Geburt des Dionysos gesehen haben; auch der erste Weinstock soll in Olympia an den Ufern des Alpheios aufgetaucht sein.[192] In jenem Olympia also, wo die mächtige Hera mit ihren Priesterinnen regiert, dort aber in gutem Einvernehmen mit dem Sohn der Semele steht.[193] Auf dieser heimatlichen Erde, berstend voll von Göttern, Altären und Heiligtümern, findet Dionysos den Schauplatz für seine Epiphanie. Eine Epiphanie in zweifacher Gestalt: ein Stier zum einen, der zum Opfer springt, und Wein zum andern, der plötzlich die unberührten Fässer füllt. Zwei Parousien unter dem gleichen Signum – des Aufwallens, der *Thyia*.

Mit seinem bacchischen Eponym verbindet das Fest die beiden Begriffsinhalte des Springens und des Sprudelns (*pedán – ekpedán*). *Thyia* ist, zunächst einmal, in der Überlieferung die Tochter des Parnassos, die als erste die »Orgien« des Dionysos anführen sollte.[194] In Delphi ist sie jedoch auch die Wirbelnde, *Thyie*, Gebieterin der großen Winde, die von den erschrockenen Bewohnern Delphis zu Hilfe gerufen wurde, als die Perser kamen.[195] Ebenfalls auf dem Parnaß weilen die Bienenfrauen, die einst Apollon die Kunst des Wahrsagens lehrten[196]: Ihr Haupt ist bestäubt von weißem Mehl, und wenn sie sich mit hellem Honig vollgestopft haben, fangen sie an, unruhig zu werden; sie brausen auf (*thyiein*) und sprechen dann rückhaltlos die Wahrheit, die ganze Wahrheit.[197] Schließlich sind da noch die Thyiaden[198], die Kochenden und Schäumenden, die von Dionysos Besessenen, in deren Mitte der Gott auf einem Giebel des Apollontempels dargestellt ist. Sie stehen der Semele nahe, die – als Sterbliche, als *Thyone*[199] – auf ihrem Weg in den Olymp zur ersten Bacchantin wurde (in Trance fielen alle, die ihren schwangeren Leib berührten). Frauen aus Athen, die dorthin kommen, um alle zwei Jahre für Dionysos das Ritual an der korykischen Höhle zu begehen, sind die Springenden, die durch die Nacht schreiten. Frauen aus Delphi, die in geheimnisvoller Weise am Fest der *Heroine* Dienst leisten, haben die Aufgabe, Dionysos zu wecken, den Gott der »Getreideschwinge«, der nahe der Orakelstätte eingeschlafen ist oder sich verkrochen hat; zur gleichen Zeit vollziehen die Priester, die man die Reinen nennt, die fünf *Hosioi*, ein geheimes Opfer im Heiligtum des Apollon.

Aufbrausend ist der Gott der Eleer vor allem im Heiligtum der Stadt, wenn ihn die Sechzehn feierlich anrufen[200], dies ehrwürdige Kollegium von Priesterinnen, das mit den Wettkämpfen zu Ehren Heras betraut ist und alle vier Jahre ein Gewand für die Göttin zu weben hat. »Komme, Dionysos, oh Herr, in den reinen Tempel der Eleer, komme mit den Chariten, stürme heran (*thyón*) mit dem Stierfuß.«[201] Zwei weitere Male »mächtiger Stier« (*áxios taúros*) genannt und eingeladen zum Festtag des Springens und Sprudelns, wird der Gott in seiner Tiergestalt erwartet, als aufbrausender Stier, der im Galopp heranhetzt und plötzlich sich mit einem Sprung emporschnellt, um im Tempel zu erscheinen, der als rein (*hagnós*) beschrieben wird. Es handelt sich um die Manifestation der Kraft eines Gottes, dessen Epidemie zusammen mit den Chariten stattfindet, den lichtvollen Gottheiten und Müttern der hellen Freude.

Das Ritual in Elis kennt noch eine zweite Epiphanie des Dionysos. Doch diesmal findet sie, ungefähr acht Stadien von der Stadt entfernt, in einem Hause statt, für das männliche Priester Sorge tragen. Es ist ein Dionysos der Felder, der hier Bürger wie auch Fremde um sich sammelt[202]; denn die Priester treffen die Vorbereitungen für die Zeremonie vor einer Menschenmenge, die sich aus elischen Bürgern und den üblichen »epidemischen« Besuchern solcher Epiphanien zusammensetzt. Drei große Kessel werden an einen Ort geschafft, der das Gegenstück zum Tempel der Sechzehn Damen der Hera darstellt. Jeder kann sich davon überzeugen, daß die Behälter vollkommen leer sind. Nun werden die Gefäße mit Siegeln versehen, so wie auch alle Öffnungen des Hauses versiegelt werden. Am nächsten Morgen lassen die Priester die Behausung des Dionysos öffnen, nachdem man sich vergewissert hat, daß keines der Siegel erbrochen ist: Die Kessel sind bis an den Rand mit Wein gefüllt. Der Gott ist gesprungen[203], er ist hervorgesprudelt, der Wein hat geschäumt in den Fässern. Der Aufbrausende ist da; aus den tiefsten Tiefen der heimatlichen Erde steigt er herauf, er treibt sein Spiel mit den baulichen Hindernissen genauso munter wie mit den kleinen Zwängen, denen der Weinbau unterworfen ist. »Wie? Können Götter nicht auch Mauern überschreiten?« fragt Dionysos den Pentheus, als der darauf besteht, ihn hinter Schloß und Riegel und unter Dach und Fach zu bringen.[204]

Die Warnung gilt noch immer für den Interpreten, den heutigen Sachwalter des Gottes, der allzu lange an Dionysos als »Spender der Gesundheit« und Gott des »Guten Weines« glaubte. Der Gott des »Beaujolais nouveau« könnte allzu leicht einem Dionysos der Kneipen gleichen. Seine hervorbrechende Kraft fordert erhabene Parousien der Art, wie sie in seiner elischen Domäne oder auf seiner Insel der Frauen sichtbar werden. In all seiner Fülle erscheint Dionysos in den Epiphanien, in denen das sprühende Feuer des Weines mit der gleichen Intensität hervorquillt, wie der blutige Wahnsinn, der seine Beute durchtränkt, von ihr Besitz ergreift und sie im Tanze fortreißt. Das Springen der Mänade, die vulkanische Eruption des Weines: vielleicht kann man hier des Wesens Dionysos' ansichtig werden, sofern seine Macht zu blenden, sich dem Einblick fügt.

Dionysos mit blossem Herzen

Ein weiterer Weg zu Dionysos führt ebenfalls über das Semantische, geht aber über die Begriffe Sprudeln/Springen hinaus und soll uns mit einem physiologischen Mechanismus vertraut machen, der für das Verständnis des Dionysischen von grundlegender Bedeutung ist. Betrachten wir einmal, in einem ersten Eingriff, den Körper einer Mänade.[205] Was geht in ihm vor? Wir müssen die Untersuchung am lebenden Objekt vornehmen, gleichsam im Vivarium des Homer. Greifen wir genau den Moment heraus, da Andromache die Schreckensvision vom Tode Hektors hat. Sie fährt auf, sie »springt« durch den Palast; sie »gleicht einer Mänade« mit »rasendem Herzen« (*palloméne kradíen*). Ihr Mänadenherz schlägt die Schamade, oder *ciamada*, wie die Piemontesen sagen, jenen angsterfüllten Rhythmus von Trommeln und Trompeten, der den Belagerern die Bereitschaft der Belagerten ankündigt, sich zu ergeben. Im Griechischen wird dieser Tanz des Herzens »Springen« (*pédesis*) genannt. Er kann aus der Furcht vor dem Grauen erwachsen, aus dem Entsetzen, das aufsteigt und schreien will; das Herz beginnt zu springen, zu tanzen im Takte, den die Klapperschlangen schlagen.[206] Das Herz schlägt mit dem Fuß das Zwerchfell, tanzt auf den Eingeweiden einen wilden Tanz.[207] Zuckungen, die sich am ehesten in den Bewegungen der Korybanten wiederfinden, jener erregten Wesen, die frenetisch wirbelnd einen Besessenen umtanzen, der selbst ein einziges Zucken ist.[208] Und in der Tat erweist sich im Modell der Korybanten das »Springen« – das

Pulsieren – als Prinzip, das Leben konstituiert, und zwar genau im gleichen Grade, wie sich der Tanz der Korybanten über das Toben des bacchischen Körpers legt. Heftiges Pulsieren kennt auch das Lebewesen Mensch. Daraus entwickelt der Erzieher in den *Gesetzen*, der Pädagoge Platon, die Überlegung, »Reigen« (*choreía*) als Begriff für die Gymnastik zu verwenden, die sowohl Tanz als auch Musik umfaßt und somit für die Gesamtheit der Bewegungen des Körpers wie der Seele steht.[209]

Die königsgleiche Herrschaft des Dionysos über die Feste und die Alten, die sich um die rechte Ordnung sorgen, findet hier ihre physiologische Verankerung.[210] Wenn das kleine menschliche Tierchen zur Welt kommt, so ist es erst einmal von Natur »ganz Feuer«: es ist unfähig, den Körper oder die Stimme in Ruhe zu halten, es schreit und strampelt (*pedán*) ohne Unterlaß und Maß.[211] Ein Neugeborenes ist ein kleines Wesen in Raserei, das ohne Sinn und Verstand brüllt und gestikuliert, beseelt von einem naturgegeben Drang zu springen (*to katá phýsin pedán*), immer bereit zum Springen und zum Hüpfen.[212] Ohne diesen Trieb gäbe es weder Rhythmus noch Harmonie. Weil die Ammen dies intuitiv begriffen haben, wiegen sie die Kleinen in ihren Armen, schaukeln sie hin und her und halten sie so in ständiger Bewegung.[213] Sie wenden eine Kinesiotherapie an, Bewegung folgt auf Bewegung, und zwar aus einem ganz einfachen Grund: Sie behandeln homöopathisch. Kinder oder Erwachsene, sie alle sind von Ängsten oder Furcht geplagt – das ist eine gewisse Schwäche der Seele –, doch »wenn man nun gegen diese Übel von außen her einen Stoß führt, so ist die Bewegung von außen stärker als die innere Bewegung der Furcht und der Raserei; hat sie aber die Oberhand gewonnen, so bewirkt sie, daß in der Seele Stille und Ruhe einkehrt bei beiden – bei den Säuglingen und den Bacchanten und Bacchantinnen –, die durch das *Herzklopfen* in Unruhe versetzt worden sind.«[214] Die Ehre gebührt den Ammen; sie haben als »Heilerinnen des Korybantentaumels« teil an einer göttlichen Kraft. Die Kleinen werden beim Schaukeln »wie mit Flötentönen bezaubert« (*kataulein*), so wie man außer sich geratene Bacchantinnen oder Bacchanten (*ékphrones bakcheíai/bakcheíoi*) durch den Schwung »bezaubern« und beruhigen kann, der Musik und Tanz miteinander verbindet.[215] Diese Heilmethode fand zuvor schon in der Argolis Verwendung, als Melampos – nach einer recht drastischen Version der Überlieferung – die von Panik erfaßten Proitiden durch wilde und lärmende Tänze, aufgeführt von einer Schar junger Leute, zu kurieren suchte.[216] Ein enthusiastischer Reigentanz war dies, doch von gleicher Natur wie die bacchischen Tänze, die ebenfalls *bakcheíai*, »Bacchantinnen«[217], genannt wurden; sie waren zusammen mit dem puren Wein – ihrem homologen Pendant – den Menschen von einem Dionysos übereignet worden, der sich an Hera rächen wollte, dabei jedoch der ganzen Menschheit die größte Wohltat erwies.

Diese Version wählt Platon in seinen *Gesetzen*, in denen Dionysos zum Philosophen und gleichsam wahren Zwillingsbruder des Apollon wird. Gewiß die Vision eines Intellektuellen, doch stützt sie sich in einem Diskurs, der sich sehr aufmerksam den dionysischen Tugenden widmet, auf ein physiologisches Modell, das äußerst präzis ist. Platon ist vollkommen mit der Sache vertraut. In jedem Lebewesen, das pulsiert, so führt er im *Timaios* aus[218], gibt es ein Prinzip des Schlagens, des Pulsierens. Diesem Prinzip entspricht ein Organ: das Herz. Als Quelle des alle Teile des Körpers schnell durchströmenden Blutes ist es von jeder Stimmungslage, dem geringsten Aufsteigen der Begierde unterrichtet. In seiner Funktion als Wachposten ist das Herz einer Folge von heftigen »Zuckungen« (*pédesis*) ausgeliefert, wenn die durch Reize angeregten Partien des Körpers unter der Wirkung des Feuers anschwellen. Für den Fall, daß es zu zerspringen droht, haben die Götter in weiser Voraussicht ein Hilfsmittel ersonnen: die Lunge. Blutlos und weich, durchlöchert wie ein Schwamm, kann das Herz gegen sie anschlagen, um sich Erleichterung zu verschaffen und sich abzukühlen.

Das Herz der Mänade hat seit den Tagen von Homers Andromache geschlagen. Und in der dionysischen Anthropologie ist der Herzmuskel im Körper des Besessenen eine innere Mänade, unaufhörlich damit beschäftigt zu springen.[219] Als ein Organ, das durch die Verdichtung eben jenes Blutes gebildet wird, das in ihm sprudelt, steht das Herz für das Prinzip des Lebendigen; es ist das erste und das letzte Glied einer biologischen Kette.[220] Beim Embryo als erstes angelegt, beginnt es sich vor allen anderen Körperteilen zu bewegen; ist der Tod schon eingetreten, schlägt es noch weiter, wie man sagt. Es vergeht als letztes, so wie es als erstes entstanden ist. Das pochende Herz ist so untrennbar mit Dionysos und seiner Kraft verbunden, daß die orphische Theologie die Wiedergeburt des von den Titanen getöteten und verschlungenen Gottes ihm einbeschrieben hat. Mag es nun von Athena verborgen oder sonst vor dem Mahle der Mörder bewahrt worden sein, das Herz des getöteten Kindes enthält den ganzen Dionysos.[221] Diese Lesart ist auf den Kreis der Gegner und der Anhänger des Orpheus beschränkt, wenn sie sich auch auf einen bei den Griechen weitverbreiteten Glauben zu gründen scheint – man sollte jedoch nicht so weit gehen, hier auf eine vorweggenommene Form der Verehrung des Heiligen Herzens schließen zu wollen.

In seiner Abhandlung *Über die Bewegung der Tiere*[222] kommt auch Aristoteles auf diesen Punkt zu sprechen: Das Herz, ein autonomes Organ, besitzt ein eigenes Leben; es zeichnet sich durch spontane Bewegungen, durch autochthone Vitalität aus. Es teilt dieses Privileg in dionysischer Brüderlichkeit mit dem männlichen Geschlechtsorgan, dem *phállos*, der in den Parousien des Gottes eine so nachdrückliche Rolle spielt. Auch der Phallos kommt in Bewegung, ohne vom Intellekt gesteuert zu sein; er vergrößert und verkleinert sein Volumen; bestehend aus Sehnen und Knorpelgewebe kann er sich zusammenziehen oder ausdehnen, sich mit Luft aufblähen.[223] Seine Anatomie ist, wie der Biologe bemerkt, noch deutlicher sichtbar, wenn »die Kraft des Spermas aus ihm hervorspringt wie eine Art Tier«.[224] In Prozessionen mitgetragen, »aufrecht« (*orthós*) und »angeschwollen« (*esphydoménos*; das Verb bedeutet sowohl »aufblähen« als auch »mit starken Schlägen pochen«[225]), präsentiert das männliche Glied, der *phállos*, als Zeichen des Dionysos, bei privaten und offiziellen Festen die einzigartige Gottheit, die gleichermaßen die Mänaden springen wie den puren Wein sprudeln läßt. Der Phallos ist ebenso wie das Herz ein Zeichen für die Kraft des Gottes[226]; diese potentielle Gewalt kann sich plötzlich in einem heftigen Stoß entladen, so wie in jenem, der die getreuen Damen aus Nantes, deren »Herz das Zwerchfell mit dem Fuße schlug«, dazu brachte, sich auf eine ihrer Gefährtinnen zu stürzen und, mit einem Stück des zerfetzten Körpers in Händen, um das Heiligtum herumzuspringen.

Entlang dieser Stätten des Springens/Sprudelns stößt man auf das vielleicht wesentlichste Charakteristikum eines Gottes, dessen Kraft sich weniger als eine »Macht über andere« definiert – sie ist als *krátos* die Sache der Olympier, der »Stärkeren« (*kreíttones*) –, sondern eher als eine »potentielle Kraft, die man in sich selber trägt«, als *dýnamis*. Eine »Kraft«, die in ihrer Autonomie und Potentialität sichtbar geworden ist, wie es Aristoteles in seiner *Metaphysik*[227] formuliert: »als Prinzip der Bewegung oder des Wandels, das demselben Sein als ein Anderes innewohnt.« Auf dem Gebiet der Botanik zeigt sich eine unmittelbare Ausprägung des Prinzips der »Kraft«. Wenn die hippokratischen Ärzte als Autoren der Abhandlung *Über die Natur des Kindes* die Homologie zwischen dem Pflanzenwachstum und der Entwicklung des Kindes im Mutterleib aufzuzeigen versuchen, erklären sie diesen Prozeß mit den kombinierten Effekten von Feuchtigkeit (*ikmás*) und Saft, genannt *dýnamis*.[228] Die Erde ist angefüllt mit jeder Art von Feuchtigkeit – sie ist die Nährerin. Das Korn saugt sich voll, es schwillt und wird dick; die Feuchtigkeit zwingt den Saft (*dýnamis*), sich im Korn zu verdichten; er wird zum Blatt und sprengt das Korn. Von der Sonne erwärmt, beginnt die Feuchtigkeit zu »kochen«; sie wird zur Frucht, die sich durch den Saft nährt, jener »Kraft« der in der Erde verwurzelten Pflanze.[229] *Dýnamis*, zugleich Feuchtigkeit und Saft, bezeichnet einen »Lebenssaft«, der ebenso beschaffen ist wie der, den Aristoteles im autonomen Herzen und im autonomen Geschlechtsorgan erkannt hat. Als Prinzip des Feuchten, das wachsen und gedeihen läßt, steht die *dýnamis*, die »Kraft«, hinter der grenzenlosen Macht, die Dionysos über die Natur und ihr spontanes Wachstum ausübt: von der »Wildpflanze« bis hin zum Obstgarten mit seinen sonnendurchtränkten Früchten. So ist es nur recht und billig, wenn ihm bei den Dionysien »von allen Früchten die ersten«[230] dargeboten werden. Dionysos besitzt Neigungen, die ihn in die Nähe der Jahreszeiten (*Horai*) rücken, der *Chariten*, der Kräfte des Wechsels und des Kreislaufs des Lebens; so herrscht er auch über die funkelnde und belebende Feuchtigkeit, *gános* genannt.[231] Es ist eine keimende Kraft, die jedoch gelenkt wird, ja ihr Ziel erreicht durch etwas, was sie von Grund auf von den anderen Naturkräften unterscheidet, selbst von denen, die sehr ähnlich scheinen mögen.[232] Gemeint ist das Hervorsprudeln feuchten, unterirdischen Lebens, das sich auf der höchsten Stufe der lebensspendenden Flüssigkeiten zu erkennen gibt: im kochenden Blut und im schäumenden Wein.

Eine Bestätigung findet dieser einzigartige Zug in der semantischen Analyse des Namens *Bryaktes*[233], eines Begleiters des Dionysos. Auch er gehört zum Bereich der Natur und der Vegetation. Ein Relief des vierten Jahrhunderts v. Chr., das in eine Privatsammlung in Venedig gelangt ist, zeigt diesen Gefährten zum Symposium gelagert in derselben Haltung, wie einst Proxenos, mit seinen spitzen Satyrohren, auf den Höhen Delphis. *Bryaktes* ist der Üppig-Wuchernde, und zwar von einer Üppigkeit, wie sie die Erde um Theben kennenlernt, wenn sie auf Geheiß ihres Gottes von der grünen Stechwinde bis zu herrlichen Trauben alles verschwenderisch hervorsprießen läßt (*brýein*), und sich, ganz dem Bakchos hingegeben, mit Eichen und Pinien bedeckt.[234] Denken wir an das üppige Sprießen der »brýóne« oder an den Weinstock, der in wildem Zustand fast zum Baum wird.[235] Die Wurzel und die Bedeutung des Namens *Bryaktes*, der Üppig-Wuchernde, lassen an das Überquellen des Pflanzensaftes denken, an das Schwellen. Dieser Bedeutungsgehalt führt einerseits zum Wort Embryo, »das Sprießen im Mutterleib« (doch bleibt dieser Aspekt dem dionysischen Denken fremd), andererseits wird heftiges Wachstum assoziiert, das Hervorquellen und Sprudeln.[236] Zwei dominante Größen tauchen wieder auf: Das Tosen des Weines, der unverdünnt und schäumend zum Rande der Schale emporsteigt[237]; aber auch das Springen des Tänzers – vom animalischen Sprung des Pan vor der korykischen Höhle bis hin zum Tanze des Silen, der, reich bekrönt mit schweren Trauben, sogar den Marmor zum Tanzen brächte.[238] *Bryaktes*, der Üppig-Wuchernde, bewahrt seinen Meister endgültig vor einer Interpretation, die Dionysos lediglich eine Macht zugestehen will, die sich gleichsam im Innern der Erde verliert, um ihn so mit anderen Gottheiten vermengen zu können, die in ihrer Unschuld nichts mit seiner *dýnamis* zu tun haben, jener einzigartigen Kraft, die durch Blut und Wein, berührt durch den Gott, symbolisiert wird.

Was hält nun also Dionysos in ständiger Bewegung? Was macht ihn springen und sprudeln? Was bringt ihn dazu, im Zeichen des Hervorbrechenden zu erscheinen? Worin liegt die Natur einer Kraft, die sowohl eine Fontäne puren Weins hervorbringen, wie auch den frenetischen Tanzreigen entstehen lassen kann, bei dem die Frauen in *Ehoe*-Rufe ausbrechen und sich gegenseitig zerreißen? Was ist das für eine brutale, plötzliche Gewalt, die an so unterschiedlichen Orten und in so unterschiedlichen Formen explodiert? Oder, fragen wir anders – und dem polytheistischen System angemessener, der Gesamtheit der Beziehungen zwischen Göttern und Göttergruppen, in die Dionysos vollkommen integriert ist: Worin liegt das Prinzip, das seine Aktivitäten eint? Was ist der Modus seines Handelns?

Um auf diese Frage eine passende Antwort zu finden, ist es erforderlich, das schillernde Spektrum seiner Interventionen zu durchdringen und den Punkt zu bestimmen, in dem seine Aktionsweisen zusammenlaufen – hinter die Maske muß man schauen, mehr sehen als nur jenes Anderssein ohne feste Konturen und jene offensichtliche Souveränität über den ständigen Wechsel von Leben und Tod. Eine unvermeidliche Gratwanderung: Der »epidemische« Drang; das brutale, urplötzliche Erscheinen und zugleich die hartnäckige Weigerung, sich zu erkennen zu geben, wenn er bei anderen ankommt. Dionysos hätte Feinde, sagt man. Aber keineswegs: Er selbst gestaltet die

Bühne, auf der er sich zu erkennen geben will. Er taucht auf als der Fremde, der aus dem Innern kommt, und er ist es, der außer sich geraten läßt, der sein Opfer dazu treibt, das eigene Fleisch und Blut zu morden, der es in die Befleckung stößt. Gewaltig sind seine Parousien.

Ein solcher Gott zeigt seinen Handlungsspielraum nicht im Sitzen, Liegen oder im Müßiggehen. Zwei Landschaften wurden ausgewählt. Die eine, fern und exotisch, fast schon zu klar und deutlich: die Insel der Frauen, draußen im Atlantik vor der gallischen Küste. Die andere, so nah und vertraut, daß ihre Züge vor den Augen verschwimmen: Theben, die palastgekrönte Stadt, wo Dionysos als ein »politischer« Gott neben Apollon residiert, so wie sie beide in Delphi gemeinsam erscheinen. In der einen wie in der anderen Kulisse agiert der Gott, indem er seine göttliche Gewalt in den Seinen zum Ausbruch kommen läßt, in ihren Köpfen und in ihren Körpern. In Theben, dem Geburtsort des Dionysos, findet sich seine Tante Agaue, deren Hände mit dem eigenen Blut befleckt sind, für immer aus dem Land verwiesen; Kadmos, der Großvater, so stolz darauf, die Stadt der Sieben Tore gegründet zu haben, sieht sich dazu verdammt, zum Gotteslästerer zu werden, da er die Gräber schändet und die heiligsten Altäre stürzt. Indessen geraten auf der Höhe von Belle-Isle, wohin der Gott sich zurückzieht, die ihm ergebenen Frauen einmal im Jahr völlig außer sich. Und dies geschieht noch um so heftiger, als sie in ihrer Abgeschlossenheit von einer äußerst absurden Form des Wahns befallen werden. Die Merkmale des Dionysischen häufen sich in verschwenderischer Fülle: Ein Dach, das halb geöffnet ist, ein Fuß, der wankt, ein Springen und ein Schreien, ein Körper, der zerstückelt ist.

Dionysos in Aktion – mit bloßem Herzen: so gibt er uns das tiefste Wesen seiner Macht zu lesen, der Kraft, die springen, sprudeln macht. Dort ist genau der Punkt, in dem das schäumende Blut und der pulsierende Wein in ein gemeinsames Prinzip zusammenfließen: die »Kraft« einer lebensspendenden Feuchtigkeit, die aus sich selbst und einzig aus sich selbst die Fähigkeit entwickelt, mit einem Schlage und mit der eruptiven

Wucht eines Vulkans ihre Energie freizusetzen. Mörderischer Wahn, springende Mänade, unverdünnter, schäumender Wein, vom Blute trunkenes Herz: sie alle sind Teil ein und desselben *modus agendi*, der ihm eigenen Art zu handeln.

Anmerkungen

1 Dies ist die Version bei [Apollodor], *Bibliothek* 2,2,2, die der Mythograph »Hesiod« zuschreibt. Hera spielt eine Rolle beim Wahnsinn der Proitiden, im Wettstreit mit Dionysos, den man schwerlich als Unruhestifter im Haus des Proitos und in der Argolis bezeichnen kann. Zu den Proitiden vgl. F. Vian, *Mélampous et les Proitides, Revue des études anciennes* 67, 1965, S. 25–30; A. Henrichs, Die Proitiden im hesiodischen Katalog, *Zeitschrift für Papyrologie und Epigraphik* 15, 1974, S. 297–301.

2 Herodot 9,34; Diodor 4,68. In diesen beiden Versionen sind die Frauen der Argolis die Opfer der Epidemie und ihrer Verbreitung.

3 »Eine Krankheit, ansteckend oder auch nicht, die eine sehr große Anzahl von Personen befällt« (É. Littré, *Dictionnaire de la langue française*, Bd. 2, Paris 1869, S. 1459).

4 Vgl. Jackie Pigeaud, *La maladie de l'âme*, Paris 1981, S. 218–225, mit einer Analyse von *anapímplemi*, »anfüllen bis zur Beschmutzung des Randes«, und von Begriffen, mit denen der Kontakt (*haphé*) und die Übertragung durch einen Organismus (*diadídomi*) bezeichnet werden. In einem »aristotelischen« Problem ([Aristoteles], *Problemata* 859 b 15), das der Pest und ihrer kontaminierenden Wirkung durch Berührung gewidmet ist, findet sich das Bild des Feuers bei der Darstellung der Ausbreitung der Krankheit in Form einer »Feuersbrunst« (*hypékkauma*). Pentheus benutzt dieses Bild in den euripideischen *Bakchen* (778–779): »Ganz nahe schon, wie Feuersglut, frißt sich heran (*pýr hypháptetai*) / der Bakchenfrevel…« Dies wurde bereits bemerkt von E. Rohde, *Psyche. Seelencult und Unsterblichkeitsglaube der Griechen*, 2 Bde. in einem Band, 2. Aufl. (1898), Nachdruck Darmstadt 1980, 2. Bd, S. 42 Anm. 3. (Die Übersetzung der Zitate aus den *Bakchen* orientiert sich an der Übertragung durch D. Ebener, *Euripides. Tragödien*, Bd. 6, Berlin 1980.)

5 E. Rohde, *Psyche* (siehe vorige Anm.), Bd. 2, S. 42–43.

6 É. Littré, *Dictionnaire* (s. oben Anm. 3), S. 1460. Das Wort steht im Plural.

7 Siehe die Zusammenstellung einschlägiger Stellen bei L. Weniger, Theophanien; altgriechische Götteradvente, *Archiv für Religions-wissenschaft* 22, 1923–1924, S. 16–57, und bei Fr. Pfister, *Realency-clopädie der classischen Altertumswissenschaft*, Supplementband 4, 1924, Sp. 277–323, s.v. Epiphanie. Eine umfassende Behandlung findet sich in dem Band von W. F. Otto, *Theophania. Der Geist der altgriechischen Religion*, Hamburg 1956.

8 D. Wachsmuth, *Der Kleine Pauly*, Bd. 5, 1979, Sp. 732–733, s.v. Theoxenia. Zu den Theoxenia, dem Fest der Stadt Delphi siehe P. Amandry, *Bulletin de correspondance hellénique* 68–69, 1944–1945, S. 413–415, in Ergänzung zu *Bulletin de correspondance hellénique* 63, 1939, S. 209–210.

9 Nach der Formulierung in den Scholien zu Pindar, Olympische Oden 3,1 (hrsg. von A. B. Drachmann, *Scholia vetera in Pindari carmina* [Leipzig 1903], Nachdruck Amsterdam 1969, Bd. 1, S. 105, Z. 14–16 [*theón epidemoúnton tais polésin*]).

10 Vgl. die Angaben bei A. Thivel, *Cnide et Cos?*, Paris 1982, S. 33 Anm. 60.

11 Ion von Chios, in: F. Jacoby, *Die Fragmente der griechischen Histori-ker* (Berlin – Leiden 1923 ff.), vermehrte Nachdrucke Leiden 1954 ff., 392 F 4–7 (im folgenden abgekürzt als *F Gr Hist*, wobei die von Jacoby dem jeweiligen Autor zugeteilte Nummer und die Ziffern der benutzten Fragmente [F] angegeben werden). Dazu siehe auch die Überlegungen von B. Gentili und G. Cerri, *Storia e Biografia nel pensiero antico*, Rom-Bari 1983, S. 74–75.

12 Entscheidend sind die Analysen von W. F. Otto, *Dionysos. Mythos und Kultus*, Frankfurt am Main 1933, S. 75–81 (»Der kommende Gott«). Eine reichhaltige, aber verworrene Zusammenstellung zu den Ankünften des Dionysos findet sich bei C. Kerényi, *Dionysos. Archetypal Image of Indestructible Life*, Princeton 1976, S. 139–188.

13 Das von Pausanias (1,2,5) bezeugte Orakel spricht von seiner *epidemía* zur Zeit des Ikarios. Bei Diodor (4,3,3) wird »Parousie« (*parousía*) gleichwertig mit »Epidemie« (*epidemía*) benutzt.

14 In den *Bakchen* des Euripides wirkt das »Erscheinen« geradezu zwanghaft. Vgl. J.-P. Vernant, Le Dionysos masqué des Bacchan-tes d'Euripide, *L'Homme* 93, 1985, S. 39–42.

15 Dies ist die leitende Idee des Buches von H. Jeanmaire, *Dionysos. Histoire du culte de Bacchus*, 2. Aufl., Paris 1970. Dort sagt er es auf S. 193 ausdrücklich.

16 Sicherlich zählt er zu den Unsterblichen (siehe *Homerischer Hymnus an Dionysos* II Z. 6: *metárithmos athanatoísin*), auch wenn er in einer Höhle aufwächst, auch wenn er nur von einer Sterblichen geboren wurde, von Semele, die Zeus einen Sohn schenkte, »einen unsterblichen, sie, die selbst eine einfache Sterbliche war« (Hesiod, *Theogonie* 942). Sich erkennen zu geben, ist für Dionysos nur in der Welt der Menschen nötig. Sie haben als einzige zu erkennen, daß Dionysos eine göttliche Macht ist.

17 Diese These vertritt E. Rohde, *Psyche* (s. oben Anm. 4), Bd. 2, S. 41 »ein Kern geschichtlicher Wahrheit«: der dionysische Kult drang von außen ein, er ist ein fremder Kult. Wie Louis Gernet spürte H. Jeanmaire sehr wohl das Proselytentum, die propagandistische Wirkung und den »missionarischen« Eifer, der gewisse Mittelspersonen des Dionysos beseelte (*Dionysos* [s. oben Anm. 15], S. 67, 85, 193, 355. Vgl. L. Gernet und A. Boulanger, *Le génie grec dans la religion* [2. Aufl. 1932], Paris 1970, S. 105).

18 So die Interpretation von F. Robert, *La religion grecque*, Paris 1981, S. 101–107. Danach war Dionysos in seinem Herzen ein Plebejer, und seine Verehrer waren handfeste Ochsentreiber, in deren Reihen sich das Spiel des *diasparagmós*, das Zerfleischen eines Ochsen, großer Beliebtheit erfreute.

19 *Bakchen* 556–575. Siehe dazu den Kommentar von J. Roux, *Euripide. Les Bacchantes*, Bd. 2, Paris 1972, S. 435.

20 Pausanias 5,16,7. Ihr Name ist Physkoa; sie stammt aus dem Demos *Orthía* in Elis.

21 Pausanias 2,7,5–6.

22 Beim Einzug in Patras wird Dionysos zum Dionysos *Aisymnetes*, zum »Schlichter«, und arrangiert sich mit Artemis *Triklaria*. Daraus ergibt sich eine Reihe von Deutungsproblemen, die nach den Studien von M. Massenzio, La festa di Artemis Triklaria e Dionysos Aisymnetes a Patrai, *Studi e Materiali di Storia delle Religioni* 32, 1968, S. 101–132, und D. Hegyi, Der Kult des Dionysos Aisymnetes in Patrae, *Acta Antiqua Hungarica* 16, 1968, S. 99–103, nun von J.-P. Vernant einer Lösung näher gebracht wurden (*L'Annuaire du Collège de France*, 1982–1983, S. 443–449). Diese Epiphanie ist in die Liste der Überlagerungen von Artemis und Dionysos aufzunehmen.

23 Für Patras trifft dies nicht zu. Auf dem Parnaß, dem Territorium des Dionysos in Delphi, steht ein Eigenname für eine ganze Geschichte. Bei Pausanias (10,6,4) wird die Tochter eines Einheimischen, Thyia, ohne jede nähere Erklärung als erste Priesterin des Dionysos bezeichnet, die sich daran macht, den Kult ihres Gottes zu feiern. In einer anderen Version vermählt sich Apollon

mit ihr, damit sie Delphos zur Welt bringt, einen passenden Eponym für Delphi mit seinen beiden großen Göttern.

24 Pausanias 10,19,3. Die deutsche Übersetzung basiert auf dem Text, den E. Meyer, *Pausanias. Reisen in Griechenland*, 3 Bde., Zürich – München 1986–1989, vorgelegt hat.

25 Wir folgen hier dem Vorschlag, der auf der Grundlage des Berichts des Pausanias gemeinsam entwickelt wurde von G. Daux und J. Bousquet, Agamemnon, Télèphe, Dionysos Sphaleôtas et les Attalides, *Revue archéologique*, 1942–42, 1. Heft, S. 113–125; 2. Heft, S. 19–40 (besonders S. 31–33).

26 Nach der Restauration und Entzifferung der delphischen Stele des Dionysos *Sphaleotas (Sphaltes* bei Lykophron, *Alexandra* 207, hrsg. von E. Scheer, *Lycophronis Alexandra*, Bd. 1, Berlin 1881, S. 20) ist nun *Sphalena* anstelle von *Kephalena* (so in den Manuskripten) zu lesen.

27 Vgl. Ph. Gauthier, Notes sur l'étranger et l'hospitalité en Grèce et à Rome, *Ancient Society* 4, 1973, S. 1–21.

28 Herodot 8,144.

29 *Bakchen* 233, 247, 353, 441, 453, 642, 1059, 1077, selbst wenn die Frauen seines Thiasos aus barbarischen Landen kommen (siehe Vers 56), von Lydien und den Bergen Phrygiens.

30 Pausanias 3,16,9–11.

31 Pausanias 7,19,6–8.

32 Dies wurde schon vorzüglich gezeigt von W. F. Otto, *Dionysos. Mythos und Kultus* (s. oben Anm. 12), S. 81–86 (»Das Symbol der Maske«), und neuerdings wieder in den Untersuchungen von Françoise Frontisi-Ducroux und J.-P. Vernant, Figures du masque en Grèce ancienne, *Journal des Psychologie*, 1983, S. 53–69; J.-P. Vernant, Le Dionysos masqué des Bacchantes d'Euripide, *L'Homme* 93, 1985, S. 31–58.

33 Vgl. Ph. Gauthier, *Symbola. Les étrangers et la justice dans les cités grecques*, Nancy 1972, S. 17–61. Eine neuere Abhandlung bei M.-F. Baslez, *L'étranger dans la Grèce antique*, Paris 1984, S. 111–125 (mit bibliographischen Angaben auf S. 35–36).

34 Ph. Gautier, *Symbola* (s. vorige Anm.), S. 41–52 (er greift die These wieder auf, es habe sich um eine Art von Kollegium der »offiziellen Gastfreunde am Heiligtum von Pytho« [»les proxènes de Pythô«] gehandelt, das sich aus Bürgern Delphis zusammensetze und die Aufgabe hatte, Fremde im Heiligtum zu empfangen). Ein Bürger einer Kolonie kann sogar vor den Altären seiner Mutterstadt wieder zum Fremden werden: so etwa ein Naupaktier im hypoknemidischen Lokri, seinem Vaterland, wo ihm aber dennoch das potentielle Bürgerrecht erhalten bleibt (L.

Lerat, *Les Locriens de l'Ouest*, Bd. 1, Paris 1952, S. 205; Bd. 2, Paris 1953, S. 29 ff.).

35 Vgl. M. Guarducci, Bryaktes. Un contributo allo studio dei »banchetti eroici«, *American Journal of Archaeology* 66, 1962, S. 273–280 mit Abb. 71–72 (wieder abgedruckt in: *Scritti scelti sulla religione greca e romana e sul Cristianesimo* [Études préliminaires aux religions orientales de l'Empire romain, 98], Leiden 1983, S. 10–19).

36 L. Lerat, Reliefs inédits de Delphes, *Bulletin de correspondance hellénique* 60, 1936, S. 359–361 mit Abb. 44,2. Wieder aufgenommen in M.-A. Zagdoun, *Fouilles de Delphes*, Bd. 4, Monuments figurés: Sculpture, Faszikel 6: Reliefs, Paris 1977, S. 23–31. Zur Darstellung des »Pan mit Kantharos« siehe P. Devambez, La »grotte de Pan« à Thasos, *Mélanges Paul Collart*, Lausanne 1976, S. 123, Abb. 5.

37 Bei einer neuerlichen Betrachtung der *thiasoi* in Griechenland ist man wohl beraten, die Seiten noch einmal zu lesen, die L. Gernet geschrieben hat: L. Gernet und A. Boulanger, *Le génie grecque* (s. oben Anm. 17), S. 106–109.

38 So etwa bei Aischylos, *Prometheus* 688 (*xénoi lógoi*, »fremde Nachricht«) oder Aristoteles, *Rhetorik* 1404 b 10–11 (*poeín xénen ten diálekton*, der Sprache eine »fremde« Färbung geben).

39 Daraus besteht eine der beiden Masken des Gottes auf Naxos (Aglaosthenes, in: *F Gr Hist* 499 F 4; s. oben Anm. 11).

40 Dies findet sich in gleicher Weise, zum Beispiel in der Überlieferung von der Ankunft bei Semachos (C. Kerényi, *Dionysos* [s. oben Anm. 12], S. 146–149). Zu den *xeniká* genannten Festen der Gastlichkeit siehe D. M. Pippidi, Xenika Dionysia à Callatis, *Acta Antiqua Hungarica* 16, 1968, S. 191–195.

41 Vgl. C. Watzinger, Theoxenia des Dionysos, *Jahrbuch des Deutschen Archäologischen Instituts* 61, 1946, S. 76–87.

42 Euripides, *Bakchen* 219, 256, 272, 467.

43 Herodot 2,145.

44 Euripides, *Bakchen* 27–31: »Erfindung (*sóphisma*) des Kadmos« nach Meinung des Dionysos. Daraus zieht Pentheus seine Version: *Bakchen* 242–245.

45 Er wird nicht müde zu versichern, er sei der Sohn der Semele, der Semele, die zu rächen er gekommen war und mit der er in den Heiligtümern Thebens und in mehreren Opferzeremonien so eng verbunden ist (zum Beispiel in Erchia im Festkalender des vierten Jahrhunderts v. Chr.: am 16. Elaphebolion opfern die Priesterin und die verheirateten Frauen am selben Tag und am selben Altar sowohl dem Dionysos wie auch der Semele. Teile des Opferflei-

sches bekommen die Frauen, die Haut geht an die Priesterin. Vgl.
G. Daux, La grande Démarchie: un nouveau calendrier sacrificiel
d'Attique [Erchia], *Bulletin de correspondance hellénique* 87, 1963,
S. 606, 609, 617, 619). Zu den wesentlichen Bezügen zwischen
Dionysos und seiner Mutter siehe W. F. Otto, *Dionysos. Mythos
und Kultus* (s. oben Anm. 12), S. 62–70 (»Der Sohn des Zeus und
der Semele«), und P. Boyancé, Dionysos und Semele, *Rendiconti
della Pontificia Accademia romana di Archeologia* 38, 1965–1966,
S. 79–104.

46 Dies ist der Gegenstand des Prologs zu den euripideischen *Bak-
chen* (J. Roux, *Euripide. Les Bacchantes*, Bd. 1: Introduction, Texte,
Traduction, Paris 1970, S. 106–107). Zur Geschichte des Prologs
und den Auswirkungen der Textverbreitung auf den heutigen
Zustand vgl. A. Dihle, Der Prolog der ›Bacchen‹ und die antike
Überlieferungsphase des Euripides-Textes, *Sitzungsberichte der
Heidelberger Akad., Philos.-hist. Klasse*, 1981,II.

47 Homer, *Ilias* 6,130–143. Vgl. H. Jeanmaire, *Dionysos* (s. oben
Anm. 15), S. 60–67.

48 Ein selten gebrauchtes Wort. Ein weiteres Mal kommt es vor,
wenn Achill dem leblosen Patroklos »die männermordenden
Hände« auf die Brust legt: Homer, *Ilias* 18,317.

49 Aischylos, Frg. 69–81, hrsg. von H. J. Mette, *Die Fragmente der
Tragödien des Aischylos*, Berlin 1959, S. 25–29. Dazu siehe auch den
Kommentar von H. J. Mette, *Der Verlorene Aischylos*, Berlin 1963,
S. 136–138.

50 Das folgende erfahren wir aus [Apollodor], *Bibliothek* 3,5,1.

51 Herodot 7.111.

52 Vollständige Behandlung bei J. Kambitsis, *Minyades kai Proitides. Ta mythologika dedomena*, Iannina 1975. Weniger umfassend bei W. Burkert, *Homo Necans*, Berlin/New York 1972,
S. 189–200. Wir können jedoch seiner Interpretation nicht folgen, die die Befleckung vernachlässigt, die bei den Minyaden
durch den im Wahnzustand (*mania*) begangenen Mord eingetreten ist.

53 Antoninus Liberalis, *Metamorphosen* X (»Les Minyades«), hrsg.
von M. Papathomopoulos, Paris 1968.

54 Aelian, *Varia Historia* 3,42; Plutarch, *Quaestiones Graecae* 38,
299 E–300 A.

55 Porphyrios, *De Abstinentia* 2,8. Die Bassaren sind Anhänger »tau-
rischer Opfer«, aber ihre dionysische Berufung stellt eine Hypo-
these dar, die auf zwei Indizien ruht: einerseits wird das Wort
Bassárai im Femininum zur Bezeichnung von Mänaden ver-
wendet; andererseits paßt das Verb *haimodaitein*, »Blut essen«,

ebenso exakt zu den von *mania* ergriffenen Mänaden wie zu den rasenden Bassaren.

56 Die Form *Agrionia* ist eindeutig bezeugt durch Inschriften, die sich auf Theben beziehen: A. Schachter, *Cults of Boiotia*, Bd. 1 (University of London, Institute of Classical Studies, Bulletin Supplement 38.1), London 1981, S. 185–192.

57 Platon, Phaidon 69 c = *Orphicorum Fragmenta*, Frg. 5, hrsg. von O. Kern, Berlin 1922, S. 83–84.

58 Euripides, *Bakchen* 39–40: atéleston... bakcheumáton).

59 Prolog zu den *Bakchen* 1 u. 8–9, hrsg. von J. Roux (s. oben Anm. 46), S. 107.

60 Euripides, *Bakchen* 6 und 10–11. Vgl. J. Roux, *Euripide* (s. oben Anm. 46), Bd. 2, Kommentar, Paris 1972, S. 242–243.

61 Ein Dekret der Amphiktyonie von Delphi (E. Bourguet, *Fouilles de Delphes*, Bd. 3, Teil 1, S. 198), rekonstruiert von J. Bousquet, Inscriptions de Delphes, *Bulletin de correspondance hellénique*, 85, 1961, S. 69–97 (hier: S. 78–85: Les Technites de l'Isthme et de Némée), und interpretiert von L. Robert, Les fêtes de Dionysos à Thèbes et l'Amphiktionie, *Archaiologike Ephemeris*, 1977, S. 195–210. Das Heiligtum des Dionysos *Kadmeios* ist zweimal (Z. 16–17 und Z. 27–28) als *hierón pará ton sékon tes Seméles* bezeichnet. Die Ähnlichkeit mit der Formulierung in den Bakchen drängt sich auf. Eine Zusammenstellung der Inschriften und weiterer Texte findet sich bei A. Schachter, *Cults of Boiotia* (s. oben Anm. 56), S. 185–192.

62 Vgl. A. Schachter, Sophokles, *Oidipous Tyrannos* 210, in den *Mélanges M. Lebel*, Québec 1980, S. 113–117.

63 Der Gründungsakt von Messene liefert hierzu den Beweis, wenn Epaminondas und die Thebaner dem Dionysos und dem Apollon *Ismenios* opfern, einem Paar, das ebenso miteinander verbunden ist wie das der Argiver, nämlich die argivische Hera und der Zeus von Nemea: Pausanias 4,27,6. Zu Apollon *Ismenios* vgl. A. Schachter, *Cults of Boiotia* (s. oben Anm. 56), S. 77–85.

64 Seine Parousie fand ihre Erfüllung, als er den Thebanern zeigte, daß er ein Gott, ja ein großer Gott sei: [Apollodor], *Bibliothek* 3,5,2; Euripides, *Bakchen* 183, 329, 770, 1031 (und J. Roux, *Euripide*) [s. oben Anm. 60], S. 306, 518, 559–561).

65 Euripides, *Bakchen* 1296–1378. Siehe auch die Fragmente, die gesammelt sind in: *Christus Patiens*, hrsg. von E. R. Dodds, 2. Aufl., Oxford 1960, S. 58–59; J. Roux, *Euripide* (s. oben Anm. 46), S. 216–219.

66 Euripides, *Bakchen* 1350, 1363, 1366, 1368–1370.

67 Hrsg. von J. Roux (s. oben Anm. 46) S. 219, Z. 25.

68 Ebenda, S. 217, Z. 4.

69 Ebenda, S. 219, Z. 26–29.

70 Euripides, *Bakchen* 1314–1315.

71 Euripides, *Bakchen* 1330–1338, 1354–1360. Es ist eine krankhafte Gottlosigkeit, und sie wird in dem von Platon entworfenen Gemeinwesen als so schwerwiegend betrachtet, daß man dem aufs Plündern Versessenen rät, seinem Leben ein Ende zu setzen (Platon, *Gesetze* 854 b–c).

72 [Apollodor], *Bibliothek* 3,5,1.

73 Vgl. Euripides, *Bakchen* 55–60, wo Rhea und Kybele vermengt werden.

74 Kallixenos von Rhodos, in: *F Gr Hist* 627 F 2 (im besonderen S. 174, Z. 13–15 oder Athenaios, *Deipnosophisten* 5,201 c). Vgl. P. Goukowski, *Essai sur les origines du mythe d'Alexandre*, Bd. 2: Alexandre et Dionysos, Nancy 1981, S. 81, 82.

75 Euripides, *Bakchen* 34: *skeué*. Tiresias trägt das Kleid des Gottes: *Bakchen* 180. In diesem Fall scheint, sich mänadenhaft zu benehmen, gleichbedeutend zu sein mit »den Bacchanten spielen«, so wie es Skyles in den Straßen von Olbia tat.

76 Euripides, *Bakchen* 925–945. »... unbedingte technische Erfordernisse einer rituellen Einkleidung..« (»impératifs techniques d'une parure rituelle« nennen es mit gutem Grund J.-L. Durand und F. Frontisi-Ducroux, Idoles, figures, images. Autour de Dionysos, *Revue archéologique*, 1982, S. 81–108 (bes. S. 95). B. Boyancé, Dionysiaca, *Revue des Études anciennes* 68, 1966, S. 33–60, hat ausgezeichnet die Bedeutsamkeit der Kleidung, die Rolle der Umgürtung und die Bedeutung der *katázosis* von den *Bakchen* bis hin zur Inschrift von Tusculum gezeigt (siehe S. 45–53).

77 Euripides, *Bakchen* 851–853.

78 Euripides, *Bakchen* 472. Die *árrheta* (»was zu sagen verboten ist«), die die *abákcheutoi* (»die nicht in die Bakchos-Mysterien Eingeweihten«) nicht kennen dürfen, drücken sehr genau die im platonischen Sinne »telestische« Dimension der dionysischen Zeremonien aus. Es ist P. Boyancé, Dionysiaca (s. oben Anm. 76), S. 55, zuzustimmen, wenn er Deutungen zurückweist, die diesem und dem Zeugnis anderer Zeitgenossen nicht Rechnung tragen.

79 Euripides, *Bakchen* 470. Nichts deutet darauf hin, daß diese Art von Erfahrung unmittelbar auf die Trance oder auf einen kollektiven Orgiasmus zu beziehen sei, wie es J.-P. Vernant, Le Dionysos masqué des Bacchantes d'Euripide, *L'Homme* 93, 1985, S. 42, zu interpretieren scheint. Wir befinden uns wohl eher in einem Bereich, der durch den Doppelsinn von *bákchos/bakcheús*

bestimmt wird (J.-L. Perpillou, *Les substantifs grecs en »eus«*, Paris 1973, S. 315–316: derselbe Ausdruck bezeichnet den Feiernden und den Gefeierten). Seine dionysischen Konnotationen wurden – gegen M. L. West – von W. Burkert bei der Sichtung des Täfelchens von Hipponium nachgewiesen, das aus dem vierten Jahrhundert v. Chr. stammt und die Existenz von *mýstai* und *bákchoi* bezeugt, für die diese schriftlichen Viatika bestimmt sind (W. Burkert, Le laminette auree: da Orfeo a Lampone, in: *Orfismo in Magna Grecia*, 1975 [erschienen 1979], S. 90). Das Thema *bákchos* ist erneut in einem sehr überzeugenden Aufsatz wiederaufgenommen worden von S. Guettel Cole, New Evidence for the Mysteries of Dionysos, *Greek, Roman and Byzantine Studies* 21, 1980, S. 223–238. *Bákchoi* und *mýstai* stehen in dem Fragment zu den Nachtschwärmern (*nyktipóloi*), das Heraklit zuzuschreiben ist, unter dem Zeichen der *mystéria* und des *myeín* (Frg. 14, hrsg. von Bollack und Wissmann = Frg. 14 bei H. Diels, *Die Fragmente der Vorsokratiker*, 2. Aufl., hrsg. von W. Kranz, Bd. 1, Berlin 1956, S. 154).

80 Platon, *Gesetze* 672b 2–7. An diese Figur wird man am Beginn des *Kyklops* von Euripides (Z. 3–4) erinnert.

81 Platon, *Gesetze* 666a–b; vgl. 671d–e.

82 Die kathartische Dimension wurde beleuchtet von P. Boyancé, *Le culte des Muses chez les philosophes grecs*, Paris (2. Aufl. 1936) 1970, S. 63–66.

83 Sophokles, *Antigone* 1140–1145.

84 Pausanias 9,16,6.

85 Photios, s.v. *Lýsioi teletaí*, Herakleides Pontikos, Frg. 155, hrsg. von F. Wehrli, *Die Schule des Aristoteles*, Heft 7, 2. Aufl., Basel/Stuttgart 1969, S. 46.

86 Pausanias 2,7,5–6.

87 Pausanias 2,7,5–6.

88 Pausanias 2,2,6–7.

89 Nach Athenaios, *Deipnosophisten* 3,78c (= Aglaosthenes, in: *F Gr Hist* [s. oben Anm. 11] 499 F 4).

90 Dadurch wird deutlich, daß der thebanische Gott im Gegensatz zum athenischen Dionysos gesehen wird.

91 Euripides, *Bakchen* 274–285. Das wiederholt der Chor der lydischen Frauen (381–385), und der Bote nimmt in einer weniger vornehmen Form die Theologie des Weingotts wieder auf (770–774).

92 Euripides, *Bakchen* 328–329.

93 [Apollodor], *Bibliothek* 3,14,7.

94 Pausanias 1,2,5. Der Bezirk Ikaria hat einen wertvollen Hinweis

für die Kultgemeinschaft von Apollon und Dionysos geliefert. Dazu gehören anscheinend auch die Reste einer großen Kultstatue des Dionysos mit dem Kantharos: Irene Bald Romano, The Archaic Statue of Dionysos from Ikarion, *Hesperia* 51, 1982, S. 398–409 (mit Abb. 93–95).

95 Aischylos, *Perser* 614.

96 Die lange Version bei [Hyginus], *Astronomica* 2,4 (S. 34–38 in der Ausgabe von B. Bunte, Leipzig 1875) ist hier zusammengefaßt.

97 Homer, *Odyssee* 17, 483–487; Platon, *Sophistes* 216 a–b.

98 Siehe oben Anm. 94 und die Inschrift aus dem Jahre 525 v. Chr., die beim Pythion gefunden wurde und die beiden Gottheiten zusammenstellt: D. M. Robinson, Three New Inscriptions from the Deme of Ikaria, *Hesperia* 17, 1948, S. 141–143.

99 Vgl. die Belege für Thespis in den *Tragicorum Graecorum Fragmenta*, 1. Bd., Göttingen 1971, S. 61–64 (hrsg. von B. Snell).

100 Pausanias 1,38,8–9.

101 Pausanias 1,29,2.

102 Euripides, *Antiope* Frg. 37, hrsg. von J. Kambitsis, Athen 1972, im Kommentar S. 85–86.

103 Mnaseas, Frg. 18, in Bd. 3 der *Fragmenta Historicorum Graecorum*, hrsg. von C. u. Th. Müller, 5 Bde., Paris 1841 ff. Vgl. O. Kern, Dionysos Perikionios, *Jahrbuch des kaiserlich deutschen archäologischen Instituts* 11, 1896, S. 113–116.

104 Frg. 31, hrsg. von Kambitsis (s. oben Anm. 102).

105 Pausanias 9,17,5, und den Kommentar zur Ankunft der Dirke in der Einführung von J. Kambitsis (s. oben Anm. 102), S. XVII–XVIII.

106 Pausanias 1,29,2. Im vierten Jahrhundert v. Chr. ist dies eine bedeutende Aktivität im religiösen Kalender der Epheben: Chr. Pelekidis, Histoire de l'éphébie attique des origines à 31 avant notre ère, Paris 1962, S. 239–247.

107 Suda, s.v. *Mélan*.

108 Scholien zu Aristophanes, Acharner 243 a, hrsg. von N. G. Wilson, *Scholia in Aristophanis Acharnenses*, Groningen 1975, S. 42–43. Noch viel bemerkenswerter ist die Version eines Scholion zu Lukian, *Götterversammlung* 5, in der Ausgabe von H. Rabe, *Scholia in Lucianum*, Leipzig 1906, S. 211,14–212,8. Dort nimmt es Dionysos auf sich, in der Gestalt eines begehrenswerten Epheben das Verlangen der Männer zu erregen, und zwar diesmal, um sie für den Tod des Ikarios zu bestrafen.

109 Ph. Bruneau, *Recherches sur les cultes de Délos*, Paris 1970, S. 314–317.

110 Pausanias 1,2,5–6.

111 Zwei Orakelsprüche sind zitiert bei Demosthenes 21,51 und 43,66. Sie werden von H. W. Parke und D. E. W. Wormell, *The Delphic Oracle*, Bd. 2, Oxford 1956, S. 114–115, unter den Nummern 282 und 283 geführt.

112 Nonnos, *Dionysiaca* 12, 293–397.

113 Hekataios von Milet, in: *F Gr Hist* 1 F 15 (s. oben Anm. 11).

114 *Mythographi vaticani* 1,87, hrsg. von G. H. Bode, Cellis 1834, S. 30.

115 Pausanias 2,38,3: der Esel von Nauplion.

116 Scholien zur Lykophron, *Alexandra* 577, hrsg. von E. Scheer, *Lycophronis Alexandra*, Bd. 2 (*Scholia*), Berlin 1908, S. 199, 9–16.

117 Plutarch, *Moralia* 12,451 c.

118 Androkydes, zitiert bei Plinius, *Naturgeschichte* 14,58.

119 Es gibt darin Experten, auch wenn sie wenig bekannt sind: Plinius, *Naturgeschichte* 14,120, hrsg. von J. André, Collection Budé, Paris 1958, S. 139 Nr. 1 zu § 120.

120 Theophrast, *Geschichte der Pflanzen (hist. plant.)* 9,18, 10–11. Vgl. Plinius, *Naturgeschichte* 14, 116–117.

121 Theophrast, *De igne* X 67, hrsg. von F. Wimmer, *Theophrasti Eresii opera, quae supersunt, omnia*, Paris 1866, S. 362 (neuere Ausgabe: V. Coutant, Theophrastus, *De igne*, Assen 1971, S. 42–45).

122 Sueton, *Augustus* 94,7.

123 Aristophanes, *Ritter* 85, 105–106.

124 Vgl. A. Touwaide, Le sang de taureau, *L'Antiquité classique* 48, 1979, S. 5–14.

125 Archilochos, Frg. 194, hrsg. von M. L. West, *Iambi et elegi graeci*, Bd. 1, Oxford 1971, S. 76.

126 Aischylos, *Sieben gegen Theben* 42–48; Platon, *Kritias* 120 a–b.

127 Pausanias 1,2,5; Athenaios, *Deipnosophisten* 2,9,39 c: In Sparta widmeten die Köche-Schlächter-Opferer dem Heros *Keraon*, dem Mischer, ähnlich dem Kneter, einen Kult.

128 Philochoros, in: *F Gr Hist* 328 F 5 b. (s. oben Anm. 11).

129 Plutarch, *Convivalia* 3,7,655 e.

130 Philochoros, in: *F Gr Hist* 328 F 173.

131 Vgl. M. Detienne, *Les jardins d'Adonis*, 2. Aufl., Paris 1979, S. 206–211.

132 Philochoros, in: *F Gr Hist* 328 F 5 b.

133 Zuvor bewegte sich die Menschheit auf allen Vieren fort. Mit Hilfe der »Gerstenarten« erhob sie sich und wandte sich dem Wettlauf im Stadion zu, das seinen Namen wegen der *stásis*, der aufrechten Haltung, erhielt: Scholien zu Pindar, *Olympische Oden* 9, 150 a–b, hrsg. von A. B. Drachmann (s. oben Anm. 9), Bd. 1, S. 301, 21–302,4.

134 *L'Ancienne Médecine*, Bd. 3, hrsg. von A. J. Festugière, Paris 1948,

S. 37–38 (zur Bedeutung von *krésis*). Demeter fehlt hier natürlich; in dieser Literatur sind es die Mediziner, die die Ernährungslehre erfinden.

135 Mnesitheos, Frg. 41 und 42, hrsg. von J. Bertier. Mnesitheos, ein Zeitgenosse Platons, verfaßte ein medizinisches Werk, in dem die Ernährungslehre, die Aufzucht von Kindern und die Lehre vom Wein als Nahrungsmittel den gesamten Raum einnehmen (J. Bertier, *Mnésithée et Dieuchès*, Leiden 1972, S. 29–147).

136 [Demosthenes], *Rede gegen Neaira* 73–78.

137 [Demosthenes], *Rede gegen Neaira* 76 und 79.

138 Aristoteles, *Staat der Athener* 3,5. Vgl. zu den Anthesterien unter diesem Aspekt P. Carlier, *La royauté en Grèce avant Alexandre*, Straßburg 1984, S. 331–335.

139 A. Henrichs beobachtet zutreffend, daß der rituelle Mänadismus in Attika völlig fehlt. Weiterhin bemerkt er, wie sehr das Weintrinken im Rahmen der Anthesterien eine soziale Funktion erfüllte, weil es als Mittel zur Festigung der Gesellschaft gesehen wurde. Vgl. Changing Dionysiac Identities, in: *Jewish und Christian Self-Definition*, hrsg. von Ben F. Meyer und E. P. Sanders, Bd. 3, London 1982, S. 153 und 141. Im übrigen pflegt Dionysos seine »telestische« Dimension in Eleusis, am Rande des athenischen Staatsgebiets.

140 Gesammelte Texte zu Sophokles, *Orestes* Frg. 255, hrsg. v. S. Radt (*Tragicorum Graecorum Fragmenta*, Bd. 4, Göttingen 1977, S. 242–243).

141 Euphorion, Frg. 100, hrsg. von J. U. Powell, *Collectanea Alexandrina* (Oxford 1925), Nachdruck 1981, S. 48.

142 Diodor 3,66.

143 Pausanias 6,26,1; Plinius, *Naturgeschichte* 2,231; 31,6.

144 An dieser Stelle möchte ich auf die Forschungen von Michèle Gay zu diesen Traditionen aufmerksam machen, die er im Rahmen einer Untersuchung zum dionysischen Raum begonnen hat.

145 Poseidonios bei Strabon 4,4,6 = *F Gr Hist* 87 F 56 = Frg. 34, hrsg. von W. Theiler, Bd. 2 (Erläuterungen), Berlin/New York 1982, S. 51.

146 Strabon 4,4,3–5. Ein weiterer Bericht findet sich in der *Perihegesis* des Pseudo-Dionysios 571 ff.: Frauen allein auf einer Insel; sie vollziehen die für Dionysos üblichen Zeremonien. Des Nachts bekränzen sie sich mit Efeu. Tumult entsteht. Das Wesentliche bleibt jedoch im Dunkel.

147 Nach M. Leglay, *Der Kleine Pauly* 3, 1979, Sp. 1565, s.v. Namnetae.

148 Vgl. die geographischen Notizen von Fr. Lasserre in seiner kom-

mentierten Ausgabe zu Strabon, *Geographie*, Bd. 2 (Collection des Universités de France), Paris 1966, S. 215–216.

149 In einer Reihe von Heiligtümern und Zeremonien für Dionysos sind Männer ausgeschlossen und ausschließlich Frauen zugelassen. Für den umgekehrten Fall gibt es keinen Beleg. Ein Gott, der seine Anwesenheit durch einen Phallos zu erkennen gibt, ist nicht notwendigerweise auch eine phallokratische Macht. Das wird niemand erstaunen, oder doch fast niemand.

150 Der Homerische Hymnus und der des Kallimachos sind voll von solchen Aktivitäten.

151 Vgl. G. Roux, Testimonia Delphica. I: Note sur l'hymne homérique à Apollon, vers 298, *Revue des études grecques* 79, 1966, S. 1–5.

152 Homer, *Ilias* 1,39.

153 Vgl. im allgemeinen P. Boyancé, L'antre dans les mystères de Dionysos, *Rendiconti della Pontificia Accademia romana di Archeologia* 33, 1960–1961, S. 107–127; D. M. Pippidi, Grottes dionysiacques de Callatis, in: *Scythica minora*, Bukarest/Amsterdam 1975, S. 142–149.

154 »Soldaten« auf Patrouille, *peripóleis*, die ein Zelt aus Laubwerk errichten und dem Dionysos ein Kultbild weihen: L. Robert, Péripolarques, in: ders., *Hellenika* 10, 1955, S. 283–291; J. et L. Robert, Bulletin épigraphique, *Revue des Études grecques* 86, 1973, 48–211 (hier: S. 110–111 Nr. 260). Eine Lichtung im Wald, ein in den Boden gerammter Pfahl, eine Höhlung im Berg, eine abgelegene Grotte oder ein einfaches Haus: Der Gott des Theaters wechselt gern die Kulisse. Sie kann aber ebensogut ein monumentaler Tempel sein.

155 Philodamos, *Paian auf Dionysos* XI 136–140, hrsg. von J. U. Powell (s. oben Anm. 141), S. 169.

156 Vgl. J. Pouilloux, *Guide de Thasos*, Paris 1968, S. 172.

157 Euripides, *Bakchen* 166–167.

158 Euripides, *Bakchen* 1230.

159 Pratinas, Frg. 1 Z. 16–17 (= Athenaios 14, 617 B–F), hrsg. von E. Diehl, *Anthologia Lyrica Graeca*, Bd. 2, 2. Aufl., Leipzig 1942, S. 154–155 (= Frg. 1 Z. 14 in der Ausgabe von D. L. Page, *Poetae Melici Graeci*, Oxford 1962, S. 367). Zur musikalischen Ethik des Pratinas siehe die Seiten von F. Lasserre in seinem Buch: *Plutarque. De la musique*, Lausanne 1954, S. 45–47.

160 Euripides, *Bakchen* 941–943.

161 Sophokles, *Antigone* 1140–1152.

162 Euripides, *Ion* 714–717, 1122–1126; Frg. 752 (*Hypsipyle*), hrsg. von A. Nauck, *Tragicorum Graecorum Fragmenta*, 2. Aufl., Leipzig 1889,

85

S. 594–595. Ein Fest der Fackeln, *Daidophoria*, inmitten der Thyiaden.

163 Neben anderen Wortfiguren wie *thoázein, skirtán*, ruft dieser Ausdruck die Vorstellung vom Bocksgott Pan hervor, dessen Sprünge sich mit denen des Dionysos vor der korykischen Höhle kreuzen.

164 Aristoxenos, Frg. 117, hrsg. von F. Wehrli, *Aristoxenos. Die Schule des Aristoteles*, 2. Aufl., Basel/Stuttgart 1967, S. 37.

165 Die beschwichtigenden Paiane des Pythagoras erklingen in der näheren Umgebung. Aber hier greifen Apollon und Dionysos ein. Durch den weiblichen Teil ihrer Bevölkerung ist eine Stadt als ganze bedroht: es herrscht ein Zustand von *loimós*. Apollon als Gründer ist zugleich auch der Reiniger, vor allem im Lande des Pythagoras.

166 K. Latte, *Askoliasmós*, Hermes 85, 1957, S. 385–391; J. Taillardat, *Suétone, Des termes injurieux, des jeux grecs*, Paris 1967, S. 71 (Text) und 170–171 (Kommentar). Ich habe J.-P. Vernant zu danken, der mich auf diese Spur hingewiesen hat.

167 Platon, *Symposion* 190 d.

168 Vgl. Didymos in dem Scholion zu Oribasios 44,27,12, hrsg. von J. Raeder, *Oribasii collectionum medicarum reliquiae*, Leipzig 1931 (Nachdruck Amsterdam 1964), S. 155, 23; (s. K. Latte, *Askoliasmós*, Hermes 85, 1957, S. 387).

169 Philochoros, in: *F Gr Hist* 328 F 5 b (= Athenaios, *Deipnosophisten* 2,7,38 c–d). Dionysos »korrekt und aufrecht« wird von Amphiktyon im Heiligtum der Jahreszeiten, der *Horai*, untergebracht.

170 Athenaios, *Deipnosophisten* 5,179 e.

171 Belege zu Dionysos, »der straucheln macht«, finden sich bei G. Daux und J. Bousquet, Agamemnon (s. oben Anm. 25). Vgl. G. Roux, *Delphes. Son oracle et ses dieux*, Paris 1976, S. 181–183.

172 Die in Delphi geweihte Maske ist der Dionysos *Sphalen*. Vgl. oben Anm. 24.

173 Zu Telephos: F. Jouan, Euripide et la légende des Chants Cypriens, Paris 1966, S. 222–225; zur Rolle des Dionysos in den Kyprien siehe A. Severyns, Le cycle épique dans lécole d'Aristarque, Paris 1928, S. 293–294.

174 Die einzelnen Fassungen sind gesammelt bei G. Daux und J. Bousquet, Agamemnon (s. oben Anm. 25), 1. Fasz., S. 115–116.

175 Lykophron, *Alexandra* 207, hrsg. von E. Scheer (s. oben Anm. 26), S. 20.

176 Scholien zu Lykophron, *Alexandra* 206, hrsg. von E. Scheer (s. oben Anm. 116), Bd. 2 (*Scholia*), Berlin 1908, S. 96, 24–25. Der dionysische Gehalt dieser Intervention ist Carl Robert nicht entgan-

gen, die Urteilsfähigketi von G. Daux geriet allerdings ins Wanken (s. den oben in Anm. 25 zitierten Aufsatz, 1. Fasz., S. 118).

177 Eubulos, Frg. 94, hrsg. von R. L. Hunter, *Eubulus. The Fragments*, Cambridge 1983, S. 66.

178 Euripides, *Bakchen* 38. In 684–686 sieht man sie schlafend.

179 Vgl. oben Anm. 156. In Brysai, in Lakonien, befindet sich das Kultbild des Dionysos unter freiem Himmel (Pausanias 3,20,3).

180 Macrobius, *Saturnalia* 1,18 (= Alexander Polyhistor, in: *Fragmenta Historicorum Graecorum*, hrsg. von C. u. Th. Müller [s. oben Anm. 103], Bd. 3, S. 244).

181 Ovid, *Metamorphosen* 4,402.

182 Euripides, *Bakchen* 586–593. Dionysos greift die tragende Konstruktion an. Es belustigt ihn, den zentralen Stützbalken ins Schwanken zu bringen. Pentheus hingegen spricht mit Nachdruck von »seinem Dach« und droht, falls Dionysos hier eindringe, ihm den Kopf abzuschlagen (*Bakchen* 293–241). Die schamlosen Anhängerinnen des gelockten und parfümierten Gottes läßt er im öffentlichen Gefängnis »unter Dach und Fach« bringen (*Bakchen* 227).

183 Aischylos, Frg. 76a und b, hrsg. von H. J. Mette (s. oben Anm. 49), S. 28: *bakcheúei stége*.

184 Wie nur einmal im Jahr das Heiligtum des Dionysos *Lysios*, des erlösenden Dionysos, in Theben geöffnet ist (Pausanias 9,16,6). Hier wird die ganze Insel zum Heiligtum des Dionysos. Ein Masken-Gott, um den der Tanz seiner schlagartig erwachten Besessenen kreist.

185 Euripides, *Bakchen* 704 und 711.

186 Euripides, *Bakchen* 447 (*autómata*).

187 Vgl. oben Anm. 176.

188 Pausanias 6,26,1. In Teos fließt die Weinquelle *autómatos* (»von selbst«) in die Stadt: Diodor 3,66.

189 Maximus von Tyros 8,1. Der Dionysos, der die Obstgärten sprießen läßt, der Gott des Saftes, der Blätter und der reifen Früchte.

190 Vgl. oben Anm. 141.

191 M. P. Nilsson, *Griechische Feste von religiöser Bedeutung* (1906), Nachdruck Stuttgart 1957, S. 291–293.

192 Theopomp, in: *F Gr Hist* 115 F 277 (s. oben Anm. 11), und Diodor 3,66. Sein Kult wird jedoch von Physkoa, seiner Geliebten, zusammen mit ihrem gemeinsamen Sohn eingeführt: Pausanias 5,16,6.

193 Vgl. H. Jeanmaire, Dionysos et Héra, *Annuaire de l'École pratique des Hautes Études. Section des sciences religieuses* (1945–1947), Paris 1946, S. 87–100; ders., *Dionysos. Histoire du culte de Bacchus*, Paris

1951, S. 215–216; Cl. Calame, *Les choeurs des jeunes filles en Grèce archaïque*, Bd. 1, Rom 1977, S. 210–214.

194 Pausanias 10,6,4.

195 Herodot 7,178.

196 Es soll einen Apollon *Thyios* in Milet gegeben haben, im Land des Gottes der Sänger, der organisierten *molpoí* (vgl. Hesychius, s.v. *Thyios*).

197 *Homerischer Hymnus an Hermes* 560. Vgl. S. Scheinberg, The Bee Maidens of the »Homeric Hymn to Hermes«, *Harvard Studies in Classical Philology* 83, 1979, S. 1–28.

198 Aischylos, Frg. 358, hrsg. von H. J. Mette (s. oben Anm. 49), S. 136; Diodor 4,25,4. Nach Hesychios gibt es einen Dionysos *Thyonidas* in Rhodos, einen Gott der *phalloi* aus Feigenholz. Eine Inschrift aus Chalkis (publiziert und interpretiert von P. Veyne, Une inscription dionysiaque peu commune, *Bulletin de correspondance hellénique* 109, 1985, S. 621–624) macht uns mit einem »thýonophore«, einem Phallosträger, bekannt. Das deutet keinesfalls auf eine phallische Mutter hin. Vielmehr manifestiert sich die ejakulatorische Kraft des Dionysos mit dem gleichen Überschwang im wirbelnden Körper der besessenen Frau wie im angeschwollenen, prall mit Samen gefüllten Glied des Mannes.

199 Pausanias 10,19,4; Plutarch, *Quaestiones graecae* 12, 293 d–e; ders., *Isis und Osiris* 35, 365 a. Vgl. G. Roux, *Delphes. Son oracle et ses dieux*, Paris 1976, S. 178–180.

200 Sechzehn Matronen, ebenso achtbare Ehefrauen wie die Damen in der Gesellschaft der »Königin« bei den Anthesterien. Alle vier Jahre weben sie einen Schleier für Hera. Vgl. Cl. Calame, *Les chœurs* (s. oben Anm. 193), S. 210–213, 244–245.

201 Plutarch, *Quaestiones graecae* 36, 299 a–b, mit dem Kommentar von W. R. Halliday, *The Greek Questions of Plutarch*, Oxford 1928, S. 152–157. Das Partizip *thýon*, in voller Übereinstimmung mit dem Namen des Festes Thyia (gemäß dem gut bezeugten wechselnden Gebrauch von *thýein/thyíein*: P. Chantraine, *Dictionnaire étymologique de la langue grecque*, 2. Bd., Paris 1970, s.v. *thýo*), wurde manchmal in *dyon* geändert. Diese Lesart, die von E. Diehl in Umlauf gebracht und von L. D. Page verbreitet wurde, hat etwa das Textverständnis von Cl. Bérard beeinflußt (siehe in: *Mélanges Paul Collart*, Lausanne 1976, S. 61–73, bes. S. 70–71).

202 Pausanias 6,26,1–2. Das Fest weicht im Vergleich mit dem ersten in einer Reihe von Punkten ab: weiblich / männlich in bezug auf die Personen, die den Kult durchführen; städtisches Zentrum / Peripherie; Tempel / Haus; Bürger / Fremde und Bürger. Hier

zeigt sich wieder der Gott der *xénoi*, der gern die sozialen Schichten »mischt«. An den Anthesterien nehmen die Sklaven am Fest teil. Wenn es allerdings um das »Unsagbare« geht, das nur der »Königin« vorbehalten ist, sind Männer und Fremde strengstens ausgeschlossen.

203 Wie man ihn auf dem Schiff seiner Entführer sehen kann: *Homerischer Hymnus an Dionysos* I, 35–37.

204 Euripides, *Bakchen* 654.

205 Homer, *Ilias* 22,460. Hat der Körper der Mänade überhaupt ein Geschlecht? Der Korybant, der in Platons *Symposion* (215 e 2) an seine Stelle tritt, hat kein Problem, zwischen dem einen und dem anderen Geschlecht hin und her zu pendeln. Welches Geschlecht hat denn in der Tat das Herz? Ist es männlich, wie im Französischen (le cœur), oder weiblich, wie im Griechischen (*he kardia*)?

206 Aischylos, *Choephoren* 1024–1025.

207 Aischylos, *Prometheus* 881, und *Agamemnon* 997.

208 Platon, *Symposion* 215 e 2, mit der Analyse korybantischer Praktiken bei Platon durch Ivan M. Linforth, The Corybantic Rites in Plato, University of California, *Publications in Classical Philology*, Bd. 13, Nr. 5, 1946, S. 121–162.

209 Platon, *Gesetze* 672 e 5–673 a 10.

210 Platon, *Gesetze* 665 b; 666 a; 671 e; 672 d.

211 Platon, *Gesetze* 664 e 4–6, vgl. 653 d 7–e 3.

212 Platon, *Gesetze* 672 c 4–5, und 673 d 1.

213 Platon, *Gesetze* 790 c 7–10.

214 Platon, *Gesetze* 790 e 8–791 a 6.

215 Platon, *Gesetze* 790 d 4–e 4.

216 [Apollodor], *Bibliothek* 2,2,2: mit einer *éntheos choreía*.

217 Diese Version steht bei Platon, *Gesetze* 672 b 3–5, am Beginn der Unterredung über den Reigen. Vgl. oben Anm. 80.

218 Platon, *Timaios* 70 c 1.

219 Der Weg der medizinischen Forschung geht von der Palpitation, dem Schlagen im Körper, zur Entdeckung des Pulses, die dem Anatomen Herophilos zugeschrieben wird. Vgl. J.-M. Pigeaud, Du rythme dans le corps. Quelques notes sur l'interprétation du pouls par le médecin Hérophile, *Bulletin de l'Association G. Budé*, 1978, S. 258–267 (das Vorbild ist der prosodische Rhythmus: »L'on crut que le corps fonctionnait comme un poème«, S. 267).

220 Aristoteles, *Die Entstehung der Arten* 3,4,740 a 3–5; der blutige Fleck, der sich im Eiweiß bildet, schlägt (*pedán*), er bewegt sich, er ist das Herz: *Geschichte der Lebewesen (Hist. animalium)* 6,3,561 a 10–13. Die Palpitation, die *pédesis*, ist in den *Parva*

Naturalia (479 b 19–480 a 15) in Analogie zum Aufkochen oder zu einem Geschwür, das kurz vor dem Aufbrechen steht, analysiert.

221 Vgl. M. Detienne, *Dionysos mis à mort*, 2. Aufl., Paris 1980, S. 191–196.

222 Aristoteles, *Die Bewegung der Lebewesen* 703 b 3–26.

223 Aristoteles, *Die Teile der Lebewesen (Partes Animalium)* 4,11,689 a 20–31.

224 Aristoteles, *Die Bewegung der Lebewesen* 703 b 26: die *dýnamis* des Sperma. Man mag sich die Vogel-Phallen auf einer Reihe attischer Vasen in Erinnerung rufen.

225 *Orthós, esphydoménos* (verwandt mit *sphyzein* und mit *sphygmós*, dem Puls): Semos von Delos, in: *F Gr Hist* (s. oben Anm. 11) 396 F 34.

226 In den Inschriften von Delos ist der *phallós* die »Statue«, das *ágalma*, des Dionysos: Ph. Bruneau, *Recherches sur les cultes de Délos*, Paris 1970, S. 314–317.

227 Aristoteles, *Metaphysik* 5,12,1019 a 15. *Dýnamis* ist eine personifizierte Kraft; ihr Kult erscheint in Milet und in Teos so wie der Kult der *Automatía* in Syrakus und der des *Autómatos* in Pergamon.

228 22–27. Vgl. I. M. Lonie, On the Botanical Excursus in De Natura Pueri 22–27, *Hermes* 97, 1969, S. 391–411.

229 Samen des Lebens und Saft der Früchte sind nach Varro (bei Augustinus, *Gottesstaat* 7,21) die Domäne des *Liber*. Betrachtet man die in diesem botanischen Exkurs verwendeten Begriffe, so könnte man sie mit einer ganzen Reihe von Beinamen des »naturhaften« Dionysos in Parallele setzen.

230 Scholien zu Aristophanes, *Acharner* 242 a, hrsg. von N. G. Wilson (s. oben Anm. 108), S. 42.

231 Betont von H. Jeanmaire, *Dionysos* (s. oben Anm. 15), S. 27–28. Der Begriff steht bei Aischylos, *Perser* 614–615, zur Bezeichnung des ungemischten Weines, geboren aus der »wilden Mutter« (*akératón te metrós agrías ápo potón*); siehe auch bei Philoxenos von Leukas, Frg. 836 C, hrsg. von D. L. Page, *Poetae Melici Graeci*, Oxford 1962, S. 438.

232 Zum Beispiel die Kureten im Hymnus der Dikte, der an Kouros gerichtet ist: man springt (*thoré*), man grüßt den allmächtigen Meister des *gános*.

233 Vgl. M. Guarducci, Bryaktes (s. oben Anm. 35), *Scritti scelti…*, Leiden 1983, S. 10–17.

234 Euripides, *Bakchen* 107 mit dem angemessen umfangreichen Kommentar von J. Roux, *Euripide. Les Bacchantes*, Bd. 2, Paris 1972, S. 281–283.

235 Dionysos mit Trauben im Überfluß (*Orphischer Hymnus* 53,10), so wie er auf einem Gemälde in Pompeji vor den Hängen des Vesuv dargestellt ist, eine göttliche Traube auf Beinen, das Haupt gekrönt und gerade dabei, eine Trankspende darzubringen.

236 *Brýein* ist bei Hesychios (s.v.), bezeichnenderweise bei *pedán*, erläutert.

237 Timotheos, Frg. 780 (= Athenaios 9, 465 C), hrsg. von D. L. Page, *Poetae Melici Graeci*, Oxford 1962, S. 402.

238 Der Vers ist bei Stobaios, *Eclogae Physicae* 1,2,31a, zitiert (nach M. Guarducci [s. oben Anm. 35], S. 12): Pan, der Tänzer, der springende Bock. Silen: *Anthologia Palatina* 9,756 (Aemilianus).

EDITION PANDORA IM CAMPUS VERLAG

Dora und Erwin Panofsky
DIE BÜCHSE DER PANDORA
Bedeutungswandel eines mythischen Symbols
Aus dem Englischen und mit einem Nachwort von Peter Krumme
Sonderband
1992, 199 Seiten, 70 Abb., Großformat, gebunden

George L. Mosse
JÜDISCHE INTELLEKTUELLE IN DEUTSCHLAND
Zwischen Religion und Nationalismus
Mit einem Vorwort von Aleida Assmann
Aus dem Englischen von Christiane Spelsberg
Band 1: 1992, 144 Seiten

Timothy Lenoir
POLITIK IM TEMPEL DER WISSENSCHAFT
Forschung und Machtausübung im deutschen Kaiserreich
Aus dem Englischen und mit einem Vorwort von Horst Brühmann
Band 2: 1992, 225 Seiten

Nicole Loraux
DIE TRAUER DER MÜTTER
Weibliche Leidenschaft und die Gesetze der Politik
Mit einer Einführung von Käthe Trettin
Aus dem Französischen von Eva Moldenhauer
Band 3: 1992, 106 Seiten

Klaus P. Hansen
DIE MENTALITÄT DES ERWERBS
Erfolgsphilosophien amerikanischer Unternehmer
Band 4: 1992, 216 Seiten

CAMPUS VERLAG · FRANKFURT/NEW YORK